发现你的行动力

[英] 理查德·怀斯曼（Richard Wiseman）◎ 著

李 磊 ◎ 译

RIP IT UP

湖南文艺出版社
HUNAN LITERATURE AND ART PUBLISHING HOUSE

博集天卷
CS-BOOKY

图书在版编目（CIP）数据

发现你的行动力 /（英）理查德·怀斯曼（Richard Wiseman）著；李磊译.
— 长沙：湖南文艺出版社，2018.2
书名原文：rip it up
ISBN 978-7-5404-8443-9

Ⅰ.①发… Ⅱ.①理… ②李… Ⅲ.①成功心理—通俗读物 Ⅳ.①B848.4-49

中国版本图书馆 CIP 数据核字（2017）第 313044 号

著作权合同登记号：图字 18-2017-263

Copyright © Richard Wiseman 2012

This edition arranged with PEW literary Agency Limited, acting jointly with C+W, a trading name of Conville & Walsh Ltd through Andrew Nurnberg Associates International Limited

上架建议：心灵励志·成功心理

FAXIAN NI DE XINGDONGLI
发现你的行动力

作　　者：［英］理查德·怀斯曼（Richard Wiseman）
译　　者：李　磊
出 版 人：曾赛丰
责任编辑：薛　健　　刘诗哲
监　　制：蔡明菲　　邢越超
策划编辑：李彩萍　　潘　良
特约编辑：温雅卿
版权支持：辛　艳
营销编辑：姚长杰　　李　群　　张锦涵
封面设计：仙　境
版式设计：潘雪琴
出版发行：湖南文艺出版社
　　　　　（长沙市雨花区东二环一段 508 号　邮编：410014）
网　　址：www.hnwy.net
印　　刷：三河市中晟雅豪印务有限公司
经　　销：新华书店
开　　本：880mm×1270mm　　1/32
字　　数：180 千字
印　　张：10
版　　次：2018 年 2 月第 1 版
印　　次：2018 年 2 月第 1 次印刷
书　　号：ISBN 978-7-5404-8443-9
定　　价：45.00 元

若有质量问题，请致电质量监督电话：010-59096394
团购电话：010-59320018

目录

CONTENTS

第二章
吸引力与人际关系

解开心灵的奥秘，提升你的吸引力，教你如何过上幸福
的生活……

第三章
对抗负面情绪，获得心理健康
如何更好地对抗恐惧、焦虑、抑郁……抑制负面情绪，
获得内心的宁静……

第四章
打造你的超级意志力

了解奖励为何常常适得其反，发现鼓舞自己和他人的方法，帮助你克服拖延症，帮助你戒烟、减肥……

第五章

行为增强说服力

探索改变别人主意的秘诀，发现操纵大众心理的"元凶"，了解控制思维的方法⋯⋯

开始行动吧！

　　激励大师和商业导师们经常向人们传播这样一个简单的理念：要改变自己的生活，就要先改变自己的思维方式。创造快乐的情绪，你会感到更幸福；想象完美的自己，你会越来越成功；像一个百万富翁一样思考，你会奇迹般地致富。理论上说来，这一理念相当合理。然而，实际生活中，这种方法往往行不通。调查显示：现实生活中，人们往往很难保持快乐的情绪；员工们无论怎样在脑海中想象完美的自己，还是无法得到职位上的提升；梦想拥有无尽荣华的人，还是赚不到理想的财富。

　　100多年前，卓越的维多利亚时期哲学家威廉·詹姆斯提出了一个革命性的改变方法。从此以后，来自世界各地的研究者们就此做了千百个实验，发现詹姆斯的理论可以应用在人们生活的方方面面。更重要的是，在这一理论指导下，许多简便有效的方法可以切实帮助人们变得更加快乐，摆脱烦恼与焦虑，享受爱情的甜蜜，保持身材，增强意志力与自信心，甚至能延缓衰老。关于这一理论的实验，在无数科学研讨会上得到关注与讨论，许多学术期刊上也发表了相关的文章。遗憾的是，这一理论尚未进入公众的视线。

在我的上一本书《59秒》中，我曾写到过对这一理论的诸多应用。建立在之前的基础上，我致力于将本书打造成首本深入浅出地向读者全面介绍詹姆斯革命性理论的读本。本书将告诉你，现在你所相信的关于你思维的说法是错误的，改变不一定要充满挑战性，并向你介绍一系列简单易行但卓有成效的方法，帮助你轻松改善生活中的各个方面。

在这本书里，你会被要求改变自己的行为。为强调其重要性，现在，我想请你做一件也许你从来都没做过的事情：阅读本书的过程中，将你读过的部分撕掉。

1. 现在你也许会想："不！绝不！我可不愿意这样干！"当然，这才是练习的重点。当被要求改变自己的行为时，人们会很快列出诸多理由，强调自己为何要保持原有的做法。当然，这可以理解（毕竟，行为方式会很快根植于我们的头脑，就像老朋友一样）。但是，这也许才是改变的最大障碍。克服这一问题的最有效的方法是：做之前没做过的事情，那些让你感觉不那么舒服但其实没什么害处的事情，比如——撕掉一本书。

2. 如果你读的是电子书，你会发现你根本没法这么做。这没关系。随便找一本那种教你如何改变思维模式的书，然后撕掉它吧。当然，这只是个玩笑。你可以登录网站 www.Ripitup.biz，下载一份本书的练习手册，打印出来。这本练习手册包含你需要的所有东西，并配合有互动练习。

那么，我们现在就开始吧。请先跟着我一起做一个小小的改变。下下一页上有一张图，是"规则手册"。请现在就把它撕下来，将其撕成四份，并把每一份都团成一个球。这应该不是很难，你也许感觉到了，你的头脑经历了一个小小的但是真正的变化。我希望你喜欢这个练习，因为整本书中，我会让你改变其他许多方面的行为方式，并且，每一次改变，你都会感受到自己在思想上、感受上正发生越来越重大的转变。

是接受一种新的改变方式的时候了！这是一种基于科学的方式，它颠覆了传统思维，提供了一个更简单、快捷、有效的方式，改善你的生活。

好，现在，坐直了，深吸一口气，跟我一起开始奇妙的改变之旅吧！

THE
RULE
BOOK

第一章
行为改变情感

心理学天才威廉·詹姆斯将颠覆你的世界观，
教你学会随心所欲地培养乐观的情绪，想办法
制造欢乐……

"始物于行"
——歌德《浮士德》

1. 改变一切的简单理念

1879 年，德国心理学教授威廉·冯特成为世界上首位在实验室中进行心理学实验的人。这一历史性事件发生在莱比锡大学的一个小房间里，这个实验向我们生动地展示了维多利亚时代的科学家们是如何研究人类大脑的。

冯特在这场标志实验心理学诞生的实验中，本可以选择研究任何一个吸引人的主题：关于人类为何坠入爱河，为何会相信上帝，甚至为何有时会自相残杀。但是，"毫无幽默感且不知疲倦的"冯特偏偏选择做了一个奇怪，甚至可以说是诡异的小铜球实验。

冯特和他的两个学生凑在一张桌前，将计时器、开关和一个精心设计的金属台连在一起。金属台上放有一个铜球，一个学生将手放在开关之上几毫米处。几秒钟后，铜球自动从台子上下落，同时计时器开始启动。当听到铜球掉到桌上时，学生触动开关，计时器停止工作。通过仔细记录计时器上显示的数据，冯特创造了心理学上的第一个数据点。

你也许会想，一天或者几天的实验后，冯特最终将合上他的笔记本，撰写实验报告，继续下一个更有趣的研究。这想法很不错，但是很遗憾，你想错了。事实上，未来几年，他一直在观察数以百计的人对于这个实验的反应。就像物理学家试图鉴定一种物质的基本成分一样，冯特和他的团队试图发现人类意识的基本组成。冯特要求部分实验参与者在听到球碰到桌面的声音时立即按开关，要求另一些实验参与者在完全意识到球撞击桌面的声音后再按下开关。在第一种情况下，观察者们要将注意力集中在铜球上；而在第二种情况下，他们要将注意力集中在自己的思想上。当实验参与者较好地达到相应要求时，冯特认为，他们的第一个反应是简单的反射，而第二个反应则牵扯了人们有意识的决策。当然，不出意外，许多实验参与者一开始无法分辨这两种不同情况的细微区别，所以他们往往会被要求完成上万次测试后才能进入实验阶段。

通过对铜球实验数据认真、艰苦的整理，冯特最后得出结论，反射反应平均需要十分之一秒，但参与者们留下的关于球落地声音的印象非常模糊。与之相对，有意识地听球声音时，参与者的平均反应时间是十分之二秒，但他们对于球落地的声音的印象清晰得多。

在解开了以上关于人类反射反应的谜团后，冯特后来又投身于数百个相似的实验中。他的研究方法意外产生了极大的影响力，19 世纪几乎每个涉足探索人类大脑研究的学者都会承袭他的方式。在全欧洲的心理学实验室中，研究人员几乎想都没有多想，就延续了那样的实验。

但是，在美国，一位叫威廉·詹姆斯的年轻哲学家、心理学家没有这么做。

威廉·詹姆斯是个非凡的人物。他于 1842 年生于纽约，父亲是一位独立、富有、人脉广泛、有点怪癖的独腿宗教哲学家，致力于五个孩子的教育。因此，他的童年时光多数接受的都是私人教育：参观欧洲顶尖博物馆和画廊，与作家亨利·梭罗①、诗人阿尔弗雷德·丁尼生②、新闻主笔霍勒斯·格里利③等文化名流交游。

威廉·詹姆斯早年习画，但在20多岁的时候放弃艺术，进入哈佛医学院学习化学与解剖学。1872年，时任哈佛校长，同时也是詹姆斯家族多年好友的查尔斯·艾略特聘请詹姆斯在哈佛讲授脊椎动物生理课程。在那里，詹姆斯很快发现，自己被人类心理之谜深深吸引。于是，1875年，他参与了美国首个心理学课程学习。此后他评价说："我听过的第一节心理课是我自己教授的心理课。"

詹姆斯认为冯特的研究工作过于琐碎，为此甚感惊愕。他坚信心理学研究应该与人们的生活相关。詹姆斯彻底背离铜球实验、反应时间等传统实验做法，转而将精力集中在一系列更加有趣并且实用的主题上，如：信仰上帝是否正确，生命的意义是什么，自由是否真的存在。

冯特和詹姆斯的不同，不仅仅表现在他们研究人类思想的方法上。冯特比较死板沉闷，其课程严肃庄重，作品乏味拖沓。而詹姆斯则不拘小节，朴实无华，穿着随性（戴着大礼帽，拄着手杖，身穿及膝大衣和红格纹裤子）。他经常会开些玩笑，说些轻松幽默的题外话，以至于他的学生甚至觉得该建议他严肃一点。并且，他还会写一些浅显易懂、幽

---

① 亨利·梭罗（1817—1862），美国著名作家、自然主义者、改革家，代表作为《瓦尔登湖》。

② 阿尔弗雷德·丁尼生（1809—1892），维多利亚时代最具特色的诗人，代表作品为组诗《悼念》。

③ 霍勒斯·格里利（1811—1872），美国报业家、新闻评论家，《纽约每日论坛报》的创办者。

默诙谐的文章（他曾经写道"如果连可怜的蟑螂都能感受到单恋的痛苦，这就是个没良心的世界"）。

并且，詹姆斯和冯特的工作方式也截然不同。冯特招募了一大群学生做他精心设计、严密操控的实验。新人们到冯特实验室的第一天，要先排好队站着，然后由冯特依次向队伍中的学生们发放实验操作要求说明。一周结束后，冯特会像一个法官或评审一样，听取学生汇报实验结果，如果学生的实验结果与导师的理论不相符，就有可能被判不及格。与此形成鲜明对比的是，詹姆斯喜欢鼓励学生自由思考，讨厌将自己的想法强加给学生，他曾经抱怨他的同事"以自己最虚伪的一面对待学生"。

这两位伟大的思想家丝毫不掩饰他们对彼此的憎恨。詹姆斯文风颇具诗意，甚至有评论说他把心理学论文写得跟小说一样，他哥哥亨利则把小说写得跟心理学论文一样。对此，冯特完全不为所动。当应邀评价詹姆斯的作品时，他说道："美则美矣，但那不是心理学。"对此詹姆斯做出回应，指责冯特的理论前后不一，每本书讲得都不一样，"不幸的是，他永远也不会遭遇自己的滑铁卢……如果将他像虫子一样切成很多段，他的每一段肯定都能自己爬行……你杀不死他"。

尽管冯特的追随者众多，詹姆斯寡不敌众，但后者坚持自己的立场。当几乎欧洲的每个心理学家都沉迷于研究各种根据冯特经典的铜球实验演变而来的奇怪实验时，詹姆斯仍穿着他的红格纹裤子游荡在哈佛校园里，鼓励学生们思考人生的意义。

詹姆斯的坚持没有白费。如今，翻开任何一本当代心理学课本，你很难发现关于冯特或者他的铜球的记载。然而，詹姆斯的思想至今仍然被广泛引用。并且，他被视为当代心理学之父，其代表作《心理学原理》自1890年首次出版以来，就被誉为"迄今为止最具文学性、最具启发性、引人入胜的心理学书籍"。并且，此书现在仍是行为学研究的必读书目。哈佛心理学系将其建筑命名为"詹姆斯楼"，并且每一年心理学协会都会颁发"威廉·詹姆斯奖"，奖励在心理学领域做出最杰出贡献的学者。

詹姆斯最杰出的贡献，也许应该是他发现了大部分人认为理所应当的现象背后的秘密和实质意义。1892年，他反思了了解人类心理的方法的重要性，并且举了一些例子，说明当时引起他注意的一个现象：

我们为什么在高兴时而不是在生气时微笑？我们为什么不能像跟一个朋友谈话一样，在面对一群人说话时仍能侃侃而谈？为什么一个妙龄少女会让我们陷入疯狂？也许一个正常人会这么回答："我们当然会笑，我们看到一群人时心当然会怦怦直跳，我们当然爱那个有着美好灵魂更有美丽外貌的少女，爱总是让人变得丧失理智、难以捉摸！"

正是这种思维方式引导詹姆斯创建了他最有争议同时也最具革命性的理论，扭转了我们对人类思维的理解。

情绪与行为的关系

19世纪80年代末，詹姆斯将其关注点转到情绪与行为的关系上。

在不谙此道的人看来，这个主题对一位世界知名的哲学家、心理学家而言，是一个奇怪的选择。

常识告诉我们，某些事件和想法会让你产生某种情绪，而这种情绪反过来会影响你的行为。举例来说，你可能会发现自己深夜走在一条出奇黑暗的街道上，或者突然被叫进老板的办公室得知自己薪水得到提高，或者突然记起你 5 岁时有一次从楼梯上摔下去。也许黑暗的街道让你感到焦虑，涨工资让你感到开心，摔下楼梯的回忆让你感到心烦意乱。最后，这些情绪影响了你的行为。感到害怕，你可能会出汗；感到幸福，你可能会微笑；感到心烦，你可能会哭泣。从这个角度来看，感觉和行为之间的联系很直接，并无什么特别。

行为和情绪

常识告诉我们，情绪导致行为：

焦虑 → 出汗

幸福 → 微笑

难过 → 哭泣

然而，詹姆斯此前对某些貌似"直接"的心理现象做过的研究使他清楚地意识到，传统认知可能是对人们极大的误导。以其关于记忆的研究为例，多年来，理论派的哲学家们认为记忆的运作原理与肌肉一样，记得越多，记忆力就越强。詹姆斯怀疑这个理论的精确性。为此，他花了 8 天时间，记录自己背诵雨果的诗作《萨蒂尔》（*Satyrs*）前 158 行的时间，发现背诵一行平均需要 55 秒钟。然后，为了进一步锻炼自己的记忆"肌肉"，此后 30 天中，他每天花 20 分钟背诵弥尔顿的长诗《失乐园》。詹姆斯假设，如果真的是"记得越多，记忆力就越强"，那么他回过头再去背《萨蒂尔》后 158 行诗时，背诵时间应该有所缩短。然而，他发现背诵后 158 行诗所花的时间，竟比之前背诵的时间还长。因此，"记忆就像肌肉"这个假设被证明是错误的。

詹姆斯想要探究，在人们对情绪的这一套习以为常的理论之外，是否还存在着另一种可能性。于是，他开始了对"人们如何判断别人的情绪"这一问题的科学探索。

请看下面这张图片，试着揣测图片中这两个人的感受。

请接着看下面这张图片，试着揣测图片中这三个人的感受。

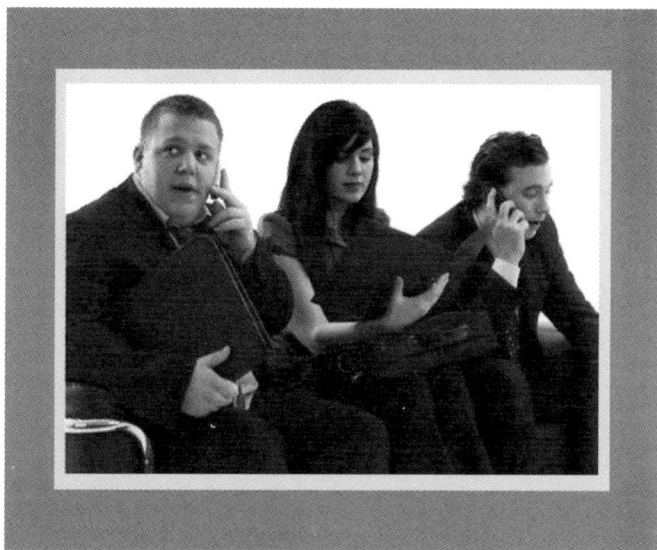

大多数人都会觉得这个练习非常简单。几乎所有人都会认为第一张图片中，两个人都非常愉快，没准儿他们一见倾心或互有好感，感到在一起相处非常快乐。第二张图片很明显会给人带来截然不同的感受。大部分人会认为，这一组人正在为某事担心或者很焦虑，他们中至少有一个人看上去需要好好放松一下。

这个简单的练习其实是以极富传奇色彩的自然学者查尔斯·达尔文于19世纪中叶首先开展的一个实验为依据设计而来。达尔文一生共发表著作22部，包括其石破天惊的巨著《物种起源》，以及不那么著名的大部头作品《腐殖土的产生与蚯蚓的作用》。1872年，达尔文发表了一篇有关情感的重要论文，标题是《人类与动物的情感表达》。这篇论文很有意思，描述了世界上首个关于情绪的心理学研究。

一个名叫纪尧姆 - 本杰明 - 阿曼达·迪歇恩的法国医师之前曾经通过电击志愿者面部肌肉的方法研究人的面部结构。当达尔文看到迪歇恩实验的照片时，他对迪歇恩轻易将志愿者的面部表情与特定情绪联系起来的做法深感震惊。他对此产生了兴趣，向自己的朋友们展示了迪歇恩实验的几张照片，让他们推测照片中志愿者的情绪。他的朋友们不费吹灰之力，就将某些表情与某些特定情绪联系了起来。实验证明，通过面部表情判断别人情绪的能力是根植于人脑的。

詹姆斯研究了达尔文的实验，将其作为自己关于情绪的新理论的研究基础。达尔文的实验告诉我们，人们精于通过面部表情判断别人的情绪。詹姆斯由此想到，人们自己对情绪的感受是不是也基于相同的原理呢？他推测，就像人们看到别人的面部表情后能推测出别人的感受一样，人们可以控制自己的表情，继而决定自己应该感受到哪种情绪。

起初，詹姆斯认为情绪完全是人们观察自己表情后产生的结果。从这个角度来说，人们微笑从来不是因为他们快乐；相反，人们感到快乐是因为他们在微笑。（或者我们也可以用詹姆斯自己更具诗意的说法来解释这一革命性的假设："看到一只熊后跑开，这不是因为你害怕它；相反，正是因为你跑开了，所以你才害怕那只熊。"）詹姆斯对人体本能的反应与情绪的形成做了明确的区分。他认为，受到刺激时，人的身体会出于本能做出反应：也许是将手从火焰上拿开，也许是听到笑话后微笑，也许是看到一只愤怒的熊后人的双脚立马做好奔跑的准备。然而，情绪是在人脑观察到人体反应后经过瞬间判断形成的：看到熊，身体出于本能做出奔跑的反应，然后大脑做出判断："我害怕了。"当代许多对于詹姆斯理论的阐释都认为：情绪和行为之间是互相影响的，举例来说，人们微笑是因为快乐，同时人们也会因为微笑而变得更加快乐。

詹姆斯从来没有正式检测过他的这一理论，因为他觉得做实验这种方式很无聊，并且对学术研究也没什么益处（"一想到心理学要牵扯到黄铜制造的实验器具和代数运算，我就感到不寒而栗"）。然而，他是一个热情的实用主义者，他抓紧时间，探索了这一理念的应用可能性。

行为决定情绪这一观念认为，人们可以通过对某种情绪的表现而获得相应的情绪感受。或者就像詹姆斯曾经说过的那句名言一样："如果你想拥有一种品质，那就表现得你像是已经拥有了这个品质一样。"我将这一简单而强大的主张表述为"表现"原理（请看下面的表格）。

行为和情绪

常识告诉我们，行为和情绪的因果关系如下：

幸福 → 微笑

害怕 → 逃离

"假想"原理告诉我们，行为和情绪的因果关系也可倒置如下：

微笑 → 幸福

逃离 → 害怕

詹姆斯的这一理论无疑是他众多理论中最受他本人青睐的。在一次公开讲话中，他将这一理论的潜力描述为"瓶中的光火"，并且热情地说道："……令人感到愉快的最自主有效的方式……就是要让人愉快地坐着，愉快地环顾四周，仿佛已经很愉快了地行动和说话……与坏情绪抗争只能使人的注意力更加集中在坏情绪上，使其更牢地刻在人们的心里。"

詹姆斯的理论受到了同时代其他心理学者的批评。冯特坦率地谴责了这一理念，将之称为"对心理学的浅白解释"，并提出了自己对情绪的理解，认为情绪是一种"感觉"，是一种"感受层面无法解释的过程，与智力层面的感觉相通"。

詹姆斯为自己的主张进行了辩解，但是这一理论对于他那些传统守旧的同事来说实在是太激进了，因此很快就被束之高阁，并被贴上"超越时代"的标签。

这一搁置，就是 60 年。

2. 伟大理论的发现

20世纪60年代后期，一个名叫詹姆斯·莱尔德的青年学者在罗切斯特大学从事临床心理学的博士研究。在一次培训中，他被要求在导师通过单面玻璃监督的情况下与患者谈话。谈话过程中，患者的脸上突然浮现出一丝不同寻常的微笑。莱尔德对此产生了兴趣，想要知道当患者做出这一不寻常的表情时心中的感受。

莱尔德开车回家的时候一直在心中回想这次谈话，对那个微笑产生了越发浓厚的兴趣。最后，他也挤出了一个同样的表情，试图发现患者在做出这一表情时的感受。结果，他惊奇地发现，这个微笑使他立马快乐起来。他又试着皱了皱眉，发现自己马上又变得悲伤起来。莱尔德驾车回家路上的这个微笑，改变了他的整个职业生涯。晚上回家后，他径直走到书架前，查找关于情绪的相关心理学理论。巧的是，他拿起的第一本书就是威廉·詹姆斯的《心理学原理》。

莱尔德仔细阅读了詹姆斯失传已久的理论，意识到这一理论也许能够解释回程路上的那个微笑让他变快乐的原因。他还惊奇地发现这一理论已被归为历史，从未有人对它进行合理的验证。为了验证这一理论，莱尔德将一些志愿者请到自己的实验室，让他们微笑或皱眉，然后报告自己的情绪。根据詹姆斯的理论，与皱眉的人相比，微笑的人应该感觉更快乐。

然而，由于担心志愿者们在了解实验主题后情绪判断受到影响，莱尔德想要找到一种能让人自然微笑或皱眉的方法，以掩盖实验的意图。最后，他想到了一个绝妙的主意。

他告诉志愿者们，他们将参与一个实验，研究面部肌肉的神经电极活动，并将电极放在实验参与者的眉间、嘴角和下颌。然后他向参与者们解释说，情绪的变化会影响这个实验，所以，为了避免可能的误差，他们要汇报自己在实验过程中的情绪变化。

电极当然是假的，但是这个方法能让莱尔德控制实验参与者的表情，让他们或微笑或皱眉。为了制造一个生气的表情，实验参与者们要并起眉毛之间的两个电极，并通过咬牙切齿来收缩下巴上的电极。为了制造快乐的表情，实验参与者们要上拉嘴角的电极。

当实验参与者们按照要求将面部器官调整到相应位置时，他们会拿到一张表格，上边列有一些情绪（如感觉受到侵犯、焦虑、快活、悔恨等），他们要在上边填写自己在实验中情绪的强烈程度。实验结果相当惊人，就像詹姆斯在 19 世纪末预测的一样，当实验参与者们做出微笑的表情后，他们感觉自己快乐了起来；当他们皱起眉头时，感觉自己也无端生起气来。

研究过后，莱尔德对实验参与者进行了采访，问他们是否知道自己在实验过程中感受到不同情绪的原因。只有小部分人将自己情绪化的状态归因于面部表情的控制，其他大部分人都不明所以。在一个采访中，一个在实验里被要求摆出皱眉表情的人如是说道："我一点都不生气，但我发现我不自觉地就会想到那些令我愤怒的事情。这也许有点傻，虽然我知道自己身处一个实验中，不该生气，但我就是无法控制心中的怒火。"

立刻就快乐起来的方法

19 世纪初，俄国著名的戏剧导演康斯坦丁·斯坦尼斯拉夫斯基创造了"体验式表演"法，震撼了整个戏剧界。这一方法的重点在于，通过让演员控制自己的行为，继而在舞台上感受到真实的情绪。这种表演方法通常被称为"设身处地法"（"如果我真的正在经历着这样的情绪感受，我该怎么表现？"），它被包括马龙·白兰度、沃伦·比蒂、罗伯特·德尼罗在内的众多著名表演艺术家广泛采用。

同样的方法也可以应用于对"表现"原理的实验室研究中。现在，假设你正在参与一个验证"表现"原理的实验。一开始，请先将你的快乐程度以 1 到 10 为基准打分。

接下来，请开始笑。当然，这不是让你在脸上挤出一个仓促、虚伪、转瞬即逝的微笑，而是让你真正地表现出快乐。你应当按照如下指示去做：

1. 坐在镜子前。

2. 放松自己额头和脸颊的肌肉，嘴唇微张。在科学领域，你现在脸上的表情是"中立"的，就像一幅等待被作画的空白画布。

3. 将嘴角肌肉向耳朵方向上拉。尽可能地大笑，笑到眼睛周围的脸颊上开始出现皱纹。最后，将眉部肌肉轻轻抬起，保持这个表情 20 秒钟。

4. 收起表情，想想自己现在的感觉。

你是不是比实验开始前快乐了一些？若再让你从1到10打分，现在你给自己的心情打多少分？

大部分人都说这个练习让自己感觉更加快乐。正如詹姆斯一个世纪前预测的那样，只要改变自己的面部表情几秒钟，你就能感受到情绪上的巨大变化。

为了提高你的快乐指数，将这种微笑的方法应用到你的日常生活中去吧。画两张你开怀大笑时的自画像吧，提醒自己经常微笑。其中一张自画像画在 A4 大小的纸上，另一张画在约 13 厘米见方的纸片上。尽量把自己画得幽默、快乐一些。将大的画像挂在家中显眼处，小的画像放在钱包或钱夹中，让它们时时提醒你记得微笑。

为了确保实验结果的真实性，其他许多科学家也着手进行与莱尔德创新型实验类似的研究。他们没有使用假的电极，而是分别想出了自己的方法：

受到摄影师通过让人说"茄子"而刺激微笑的启发，密歇根大学的研究者们让实验参与者重复发出"子"的声音（就像茄子中的"子"），以此在脸部形成微笑；他们也让实验参与者发出"呦"的声音，以此在脸部形成反感的表情。

华盛顿大学的心理学家们把两个高尔夫球座分别放在实验参与者的两道眉毛间，然后让他们做一些面部动作。其中一组实验参与者要通过挤眉头等方式让两个高尔夫球座相碰，这样就形成了一种不悦的面部表情。而另一组实验参与者要确保两个高尔夫球座分开，这样就形成了一种更加中立的面部表情。

这类实验中最有名的，恐怕当属德国研究者们的实验了。德国研究人员告诉实验参与者，他们正在研究一种对高位截瘫者进行教育的新方法。实验参与者中，一半要用牙齿保持一支笔水平固定（面部形成微笑的表情），另一半要用嘴唇衔住笔（面部形成皱眉的表情）。

那些不断地发出"子"的声音、保持球座分离、用牙齿咬住笔的实验参与者顿时感到自己变得快乐起来。一次又一次，研究人员证实了莱尔德实验结果的真实性以及詹姆斯理论的正确性。行为真的能够影响情绪，因此，就如"表现"原理所示，人们有可能随心所欲地控制情绪。

这一结果使研究者们兴奋起来，他们开始探究这一原理对身体以及头脑的影响。

身体如何影响头脑的运作

加利福尼亚大学的保罗·埃克曼终生致力于面部表情与情绪的研究。在其漫长而卓越的职业生涯中，他发表了一部关于面部表情的权威著作（一本 500 多页的论文集，详细介绍了人类面部 43 块肌肉如何组合形成千万种表情），向全世界的执法机关介绍了如何最有效地通过面部表情分辨人们是否撒谎，他还是热门美剧《别对我说谎》的专业技术顾问。

职业生涯之初，埃克曼就对人类能够通过变化表情而改变情绪这一理念深深着迷，想要探索"表现"原理如何影响人的身体。他的实验结果是对詹姆斯理论的一大献礼。

埃克曼邀请了一些志愿者来到他的实验室，用机器持续测量他们的心率以及体温。然后，他让实验参与者完成两个任务：第一个任务是要让这些人真正感到生气，让他们回想生命中感到最气愤的一个事件，并且在脑海中尽可能生动地重现当时的场景；第二个任务是他们要做出生气的表情（眉头紧锁、下眼睑上扬、双唇紧闭、下嘴唇抬起）。通过选择不同的事件和面部表情，这个过程真实还原了不同表情引发的后果：愤怒、悲伤、快乐、惊喜、厌恶等等。

毫无疑问，对真实情绪的回忆带动了实验参与者生理上的变化。比如，生气时人的心率提高、体温下降，快乐时心率降低、体温上升。值得注意的是，当实验参与者做出相应的面部表情时，生理上的变化也是如此。当他们做出恐惧的表情，他们的心率迅速提高、体温下降；当他们脸上挂着微笑，他们的心率降低、体温上升。

埃克曼想要知道这个原理是否适用于整个人类。于是，他与他的团队横跨地球，来到位于西印度洋的一个小岛上，对岛上居民进行了同样的实验。实验结果是一致的。这说明，"表现"原理不是西方文明的产物，而是深深根植于整个人类进化史的科学产物。

埃克曼的实验结果告诉我们，表现出一种情绪不仅仅能影响我们的情绪，更能直接有力地影响我们的身体。

近来，基于这一实验，研究者们利用最新技术，进一步探索了"表现"原理对人脑的影响。

若割下人的头颅，仔细研究最接近脊柱上方的大脑区域，你会发现脊髓边上有两个杏仁形状的组织，这就是"杏仁核"。它们很小，但联系紧密，是大脑中几乎影响着人类生活方方面面的重要部分。杏仁核直接影响人们的情感体验，特别是恐惧这种情绪。

科学家通过研究一位被称作"SM"的病人的案例，证明了这块掌管恐惧情绪的杏仁状区域的重要作用。SM 患有蛋白沉积症。这是一种罕见的由于遗传基因紊乱而造成的病症，会导致杏仁核功能衰退。在对 SM 进行采访后，科学家们注意到她提到了生活中的一些小事：在这些事情上她本该感受到恐惧，但是她没有。其中最具戏剧性的一个事件是她在公园中不幸遭到了袭击：袭击者用刀抵着她的喉咙，威胁说要刺伤她。她说当时自己并没有感到害怕，而是注意到了附近有一座教堂，并镇静地对歹徒说道："若你想杀我，你得先获得我的守护天使的同意。"歹徒对她的淡定表现疑惑不解，最终将她放走了。

科学家们对此产生了兴趣，于是开始试图吓倒 SM。他们把她带到一家专卖奇异宠物的商店，让她用手捧着蛇和蜘蛛。SM 对此没有任何反应，甚至需要旁边人的制止才停下来不去碰那些更危险的动物。然后，他们带她去了一间著名的"鬼屋"，并在那里让她看了许多恐怖电影的片段，她还是没有反应。这很好地证明了，功能健全的杏仁核对人类体验"害怕"这种情绪起到了关键的作用。

几年前，科学家们决定对詹姆斯的假说做一个终极测试。他们对实验参与者进行脑扫描，同时让他们做出害怕的表情。与之前几十年里做过的心理学实验不同，这个实验中的参与者不必告诉研究者自己的感觉。相反，研究者们能够直接窥探实验参与者的大脑，看到杏仁核非常活跃。由此得出结论，这些实验参与者其实体验到了真正的恐惧。如此，研究者们掌握了证明"表现"原理能直接影响大脑的终极证据。

"表现"原理在全世界各个实验室里被用来制造快乐，并且具备了影响人的身体和头脑的能力。但是，这一原理在真实世界中能够有效吗？它能够使整个国家都高兴起来吗？下面，让我们一起找出这些问题的答案。

提升人的快乐指数

在我的职业生涯中，我做过许多参与者众多的实验。这些实验研究涉及数万人次，涵盖多个主题：人们说谎时的心理，为什么陪审团在被告出现后会产生动摇，人们是否能辨别低价酒和高档酒（实验证明他们不能），等等。

几年前，我在英国也安排了一项涉及数万人次的大规模研究，探索快乐的奥秘。心理学家们已经研究出了许多不同的方法，来提高人们的快乐指数，我想要知道哪一种方法是最有效的。当然，也是因为其他研究者曾证明幸福感可以在人群中像传染病一样传播，人们会感染周围人的情绪，我想知道是不是几万个快乐的人，能像催化剂一样使整个国家都变得快乐起来！

实验开始之前，我委托一个国家级的调研机构调查整个国家的情绪状况。每个调研参与者都要用1到7的不同等级为自己的快乐指数打分，其中1代表"一点都不高兴"，7代表"非常高兴"。45%的人打出了5分以上的高分。

然后，这个实验通过国家级媒体发布。任何一个对此实验感兴趣的人，都可以登录相关网址填写自己的快乐指数。26 000多人给出了反馈。所有的实验参与者都被随机分到不同的小组，完成为了使他们变得更快乐而设计的不同练习。一些小组使用的是非常流行的"激发当下的快乐"的练习方法，包括心怀感恩、回想快乐的时光等等；而另一些小组的成员被要求遵循詹姆斯的建议，每天微笑几分钟。

一周后，实验参与者们回到网站上重新为自己的快乐指数打分。结果显示，那些改变自己面部表情的小组成员，快乐指数增长幅度最大。这是一个有力的证明，证明了"表现"原理在实验室之外也可以引发人们长期的、强烈的情绪，提升人的快乐指数。

这次试验之后，我又进行了另一个全国性的关于快乐感的调查。该调查中，参与者们也要用1到7的不同等级为自己的快乐指数打分。这一次，有52%的人给出了5分以上的高分。假设一个国家有6 000万居民，这7%（从45%到52%）的增长率意味着超过400万人在实验结束后感到更加快乐了。这是因为我们这个"快乐计划"吗？我们不可能明确地知道答案。但是，由于没有其他明显地能够影响国家情绪变化的因素（如晴天数猛增、降雨量锐减、涌现出特别激励人心的新闻等等），我们可以认为是威廉·詹姆斯的理论使这整个国家都高兴起来。

3. 快乐是可以被创造的

　　威廉·詹姆斯不仅推测微笑能使人更快乐，而且认为人类行为的方方面面，包括走路和说话的方式，都能够影响人们的感觉。为了验证其真实性，科学家们开始研究走路与讲话的影响力。

　　研究者认为，就像主要面部表情只有少数几种一样，基本走路方式也只有六种。比方说，大踏步走是指走路时步子大、步伐有弹性、胳膊前后摆动，而拖着脚走路指的是走路步伐很小，并且双肩耷拉着。同时实验显示，人们不同的走路方式与情绪有着密切关联：大踏步走的人比较快乐，而拖着脚走路的人容易情绪低落。

　　来自佛罗里达州大西洋大学的心理学家萨拉·斯诺德格拉斯试图研究，能否通过改变走路方式影响人的情绪。她假装要做一个关于身体活动对心率影响问题的研究，要人们用不同的方式走3分钟。其中一半的实验参与者要大步走、摆动胳膊、昂首挺胸，另一半则要小步、拖着脚走路、眼盯地面。实验时的场景堪称是真实重现了蒙提派森的搞笑短片《不会走路的牧师》。实验结束后，所有实验参与者都要给自己的快乐指数打分。实验结果显示了"表现"原理的威力：大踏步走的人与拖着步子走的人相比，明显感到更快乐。可见，快乐是可以被创造的，身体上小小的改变，就能让人更加快乐。

　　"表现"原理还能帮助人们在相识后留下好印象，变得更亲密。来自海德堡大学的塞比娜·科赫着迷于人体活动对头脑的影响这一主题。她对舞蹈的心理学研究证明：当人们流畅地运动时，他们会感到更快乐；而当人们做固定的直线运动时，他们会感到情绪低落。意识到很难让人们在现实生活中一直跳舞，科赫将自己的注意力转向一个更实际的行为：握手。

　　科赫训练了一帮人，教他们用一两种不同的方法握手。一些人学习如何顺畅地握手，另一些人学习如何生硬地上下握手。然后，这些人勇敢地与将近五十个实验参与者握手。每一次握手后，科赫都会询问实验参与者的感受。结果是显著的。与那些和动作生硬的人握手的实验者相比，那些和动作顺畅自然的人握手的实验者感到更加快乐，与对方心理上更加亲近，认为这些人更加招人喜欢、态度随和。那些握手动作顺畅的人使实验参与者表现得更加快乐，而这反过来也令他们自我感觉良好，更想再次见到刚刚见过的那个人。

这样握手才快乐

　　塞比娜·科赫的研究可以用来帮助人们打造良好的第一印象。科赫教给调查者各三种"顺畅"的和"生硬"的握手方式，然后得出了很有趣的发现。科赫的"顺畅"的握手方式是：握住别人的手，缓慢流畅地上下移动自己的手。相反，"生硬"的握手方式指的是突然将手移下，停一小会儿后再快速地将手抬起来。一开始，你的动作可能看上去有点奇怪做作，但只要多加练习，它们就会变得更加自然。尽量精确地重复"顺畅"的握手。一旦你对你自己的"科赫握手法"感到自信了，就请在现实生活中多加应用吧！因为与他人顺畅地握手，能给他人留下美好的印象。

其他的一些研究，也检验了说话的内容与方式是否会影响人的情绪。

20 世纪 60 年代末，美国临床心理学家艾米特·费尔腾想要找到一种在实验室中制造快乐的简单、快捷的方式。费尔腾想知道，人们快乐、自信地说话会产生怎样的后果。为了找到答案，他找来一批志愿者，将他们随机分为两组，并给每一组一沓卡片。

第一组实验参与者拿到的卡片中，最上边的一张向他们说明：每张卡片内容不同，他们要大声地念出卡片上的话。第二张卡片上写着："今天既不比过去好，也不比过去差。"实验参与者根据指示大声地念出了这句话，继而念下一张卡片上的内容："然而，我今天感觉确实不错。"慢慢地，实验参与者念完了全部 60 句话，接近结束时，卡片上的话变得越来越积极正面。

第二组实验参与者也要念出卡片上的话，但这些话并不是积极向上的。于是，整个实验过程中，他们一直在大声朗读各种事实，包括"土星有时候与太阳和地球连成一线，所以我们看不到它""东方列车行驶在巴黎和伊斯坦布尔之间""希望钻石能通过普通的邮政业务从南非运送到伦敦"等等。

实验的最后，费尔腾让所有的实验参与者为自己的快乐指数打分。第一组的参与者情绪反应相当好，而第二组的参与者没什么特别的感觉。

受到费尔腾实验结果的鼓舞，其他的心理学家迅速采纳了这一试验程序，以此让世界各地的实验参与者快乐起来。

但是，其他的实验并不是让参与者只读单个的句子。比如，夏威夷大学的伊莱恩·哈特菲尔德和她的同事们在实验中，让一组参与者朗读一个段落，其中虚构了他们的朋友为其举办生日惊喜派对的场景，另一组实验参与者则朗读一段描写他们听说自己的亲人患病时的场景。

朗读这两个段落让实验参与者的情绪大为不同：与亲人患病相比，那些生日时得到来自朋友的惊喜的实验参与者感觉好得多。让实验参与者像他们真的感到高兴或难过时一样说话，可以切实影响他们的情绪。

"表现"原理不仅仅是让你挤出一个微笑，而是可以应用到日常生活中人类行为的各个方面，包括走路的方式、说话的内容。受到以上实验结果的鼓舞，学者们很快投入对"表现"原理应用的其他研究中去。

快乐地与内心交谈

你真的能通过和内心对话来使自己变得更快乐吗？下面，请做两个练习：

首先，大声朗读以下句子。尽量发自肺腑、有感情地朗读，就像你自己正在和一个朋友讲话一样。尽量控制语速，慢慢读，在每一个句子读完后停一小会儿，再继续读后面的句子。很多人一开始觉得这个任务很奇怪，但是，他们很快就适应了。

1. 今天我感觉特别好。

2. 我觉得我能成功。

3. 别人都对我很友好，为此我感到高兴。

4. 我知道如果一门心思去做一件事，就一定能取得成功。

5. 我现在激情四射。

6. 我现在精力充沛，感觉压力简直不值一提。

7. 今天我效率特别高。

8. 我现在很乐观，我觉得自己能和所有人相处愉快。

9. 今天我感觉很好，周围的一切也很美好。

10. 我现在兴致高昂，特别具有创造力。

11. 我确信我的大部分朋友都不会离我而去。

12. 我感觉生活就在我的掌控之中。

13. 我心情愉悦，希望能有人播放点美妙的音乐。

14. 我很喜欢做这件事，且享受这一切。

15. 今天感觉太妙了，我一直期待过上这样的日子。

你现在感觉怎么样？大部分人在念完这 15 句话后，都会快乐爆棚。

现在，试着大声朗读一下段落。记着，尽量读得自然、感情充沛。你可以想象自己正和一个朋友打电话，甚至可以即兴创作，让这个段落更加充实丰富：

一切简直太棒了。今天是我的生日，你绝对猜不到发生了什么。一个朋友请我傍晚时到他家玩。我一进门，就发现原来他给我准备了一个惊喜派对！这简直太棒了！几乎所有我认识的人都到了，其中一些人还是推掉了其他安排专程赶来的。他们为我订制了一个生日蛋糕，还送给我礼物，并且为我唱了生日歌。我永远也不会忘记今天，很幸运我能有这样的朋友。

大笑吧，像不曾受过伤一样

1995 年，马登·卡特里亚医生在印度孟买做家庭医生。一次，他研究杂志上关于笑的文章，得知笑对人体健康有益，于是决定尽量让人们在生活中更多地欢笑起来。

卡特里亚想出了一个奇怪的办法。一天晚上 7 点，他来到当地的一个公园，说服四个游客互相讲笑话给对方听。这四个人都很愉快，表示很喜欢这种方式。于是他决定下周重复这样的练习。参与的人数迅速增加，超过五十个人参与到这项活动中来。由此，世界上第一个欢笑俱乐部诞生了。

最初的聚会里，人们围成一圈，轮流讲笑话。一开始，一切都很顺利，但是过了几周后，人们笑话讲得差不多了，开始讲一些黄色笑话。两个女士因为黄色笑话问题扬言要退出小组，这促使卡特里亚开始探索另一种让人们面带笑容的方法。

后来，他想出了一个方法——改变世界的"哈—哈"法。他想，也许人们不用听笑话，只是哈哈大笑也能够达到同样的效果。一开始欢笑俱乐部的成员们对这个方法深表怀疑，但他们最终决定不讲笑话，试试这种新方法。他们像听到一个好笑话一样哈哈大笑了一会儿，其中很多人意外地发现自己感到很高兴。这种快乐的情绪蔓延开来，很快几乎所有人都咯咯笑了起来。卡特里亚这种卓有成效的新方法很快传播开来，欢笑俱乐部也在世界各地应运而生。

新泽西州菲尔莱狄更斯大学的心理学家查尔斯·谢福尔对此产生了

浓厚的兴趣，想要研究是否表现得像刚听完笑话一样真的能使人感觉到快乐。谢福尔着手一项针对欢笑俱乐部的实验，对比了大笑和微笑对人的不同影响。

他将实验参与者分为三组。第一组要微笑一分钟，第二组要笑出声来一分钟。考虑到第二组实验者可能因为开口大笑的生理动作不同而引发不同的实验结果，他想让第三组实验者做一个与大笑差不多、但与快乐无关的动作。在一番冥思苦想后，他想出了一个主意：让第三组实验者像狼一样嗥叫一分钟。

这是一个聪明的办法，但是要让别人像狼一样嗥叫可不容易。一开始，这一组的成员们觉得很困惑，不知道应该怎样表现自己狼人的一面。为了解决这个问题，谢福尔不得不在这组实验者面前亲自演示狼如何"对月嗥叫"。他后来说，看到一位高级教授像狼一样嗥叫，很多实验参与者马上打消了疑虑，不再扭捏，自然地照做起来。

在微笑、大笑、嗥叫之后，谢福尔请每个实验参与者评估自己的情绪。实验参与者表现得越快乐，快乐的情绪就会越强烈。那些微笑的人感到更快乐了，而那些大笑的人简直是兴高采烈。像狼一样嗥叫没有让人变得快乐，由此证明大笑并不是因其生理动作而产生效果。这又一次证明了威廉·詹姆斯理论的正确性。遗憾的是，谢福尔并没有趁机研究一下，第三组实验参与者是否对狗粮有种特别的好感，或者显示出对子弹特别的恐惧。

谢福尔的研究显示了欢笑俱乐部如此流行的原因。正如微笑能让你感到快乐，表现得像发生了什么开心事一样，也能让你得到与真心大笑同样的效果。

你快乐，所以我快乐

欢笑俱乐部各有不同，但是它们的操作程序和练习方法还是有章可循的。

首先，人们要围成一圈，彼此相隔一定距离。其中一人扮演"组织者"的角色，站在圆圈的中央。

整个活动持续差不多 20 分钟，其中会涉及多个练习，每个练习持续 40 秒左右。以下是一些常见练习：

"吼吼哈哈"练习：每个人都吟诵"吼吼哈哈"，每遇到一个"吼"字或"哈"字都拍一下手。注意：声音要从丹田发出，而不是从嗓子发出；整个练习过程中保持微笑。这个练习一般用来热身或者穿插在其他练习之间。

"来回"练习：所有人都拉起手来。领导者说"开始"后，所有人开始小声地笑。然后组织者示意所有人向中间走来，人们行动的过程中笑声要变得越来越大。当他们接近中央时，组织者示意他们退回。接着他们退回到原来的位置，同时笑声变小。

"驯狮"练习：所有人都扮演狮子，尽可能地张开嘴和睁大眼睛，举起胳膊做出狮爪的样子。在听到组织者指令后，所有人像狮子一样吼叫 20 秒。

"蜂鸟"练习：参与者两两配对，闭上嘴，尽量边发出"嗡嗡"声边笑。在这个过程中，尽量和你的同伴保持眼神接触。

"嘲笑"练习：组织者将所有人分成两组。两组人看着彼此，并且开始笑，通常是指着对方组的成员笑。当然，这个练习不能让没有自信或多疑的人或者既没有自信又多疑的人参与。

在对欢笑进行了许多严肃的科学实验后，科学家们又将注意力转到其他同样令人感到愉快的体验上来，比如跳舞。

快乐的人都爱跳舞，但是跳舞能让人感到快乐吗？为了找到这一问题的答案，韩国庆北国立大学的金胜武召集了差不多 300 个学生志愿者。他将学生分为四组，第一组进行一小时的有氧运动，第二组做身体调节活动，第三组做有趣的 hip-hop 舞蹈训练，第四组滑冰。在完成这个活动后，所有人都要填写一张问卷，报告自己的情绪。众所周知，体育运动能让人变得快乐，因为它能帮助人们释放一种能使人感觉良好的激素——内啡肽。因此，实验人员认为，所有的实验参与者在结束后都会感到更快乐。但是，跳舞作为一项本身就很快乐的活动，是否能使人感到格外的快乐呢？实验证明，跳 hip-hop 的一组人在所有实验参与者中，快乐指数最高。

并不只是 hip-hop 能让你感觉良好。赫特福德郡大学矿业学院的彼得·罗维特博士也对舞蹈进行了研究。彼得被英国媒体誉为"舞蹈博士"，曾对许多舞蹈相关问题进行过研究，其中包括是否身体对称的人跳舞更好（答案是肯定的），为什么看到自己的父亲跳舞我们总会觉得很尴尬（因为他们往往高估自己的舞技），等等。几年前，彼得进行了一个为期10 周的实验，研究舞蹈对情绪的作用。每周他都请一些参与实验的志愿者到学校，教给他们一个新的舞种，然后让他们给自己的情绪打分。从狐步舞、弗拉明戈舞到莎莎舞、摇摆舞，所有参与者都度过了一段快乐的时光。实验又一次向我们证明，表现得快乐能让人真正感到更加快乐。其中，那些简单易学的舞步，如苏格兰乡村舞和排舞，对于提高快乐指数格外有效。

如果你想变得快乐

首先，花点时间列出九项能让你感觉良好的活动。以下问题可以帮到你：

你喜欢和别人共处吗？如果你喜欢，哪些朋友和同事让你感到最愉快？你喜欢参与怎样的社交活动？比如说，你是否愿意与密友喝咖啡，探望自己的父母，与一大帮同事一起出去跳舞？

你有哪些兴趣、爱好，或者喜欢什么样的运动？你喜欢旅游、绘画、摄影、游泳或参观博物馆吗？如果你有一天晚上有空，你是愿意去看电影、在家看一本书、看一场演出，还是愿意去看戏呢？

儿童时代，你喜欢做些什么呢？你喜欢跳绳、跳舞、读笑话或是画画吗？

你是一个助人为乐的人吗？你喜不喜欢在公益组织工作，或者在当地一家医院帮忙？当你在路上给一个无家可归者经济支援时，为朋友或者陌生人做好事时，你感觉如何？

你是否能看到每件事物光明有趣的一面？你喜欢玩一些傻傻的游戏或者到处乱逛吗？是否有某个特定的人或情况会激发你做出以上行为？

接着，撕下后面一页，在每个空格里填写一项让你感到快乐的活动。

然后，沿虚线将后面一页撕成九份，把每一份都揉成一个纸球。

最后，将所有这些纸球放在一个箱子或袋子里。每一周的开始，随意抽取一个纸球，在未来七天中一定要完成纸上所写的活动。

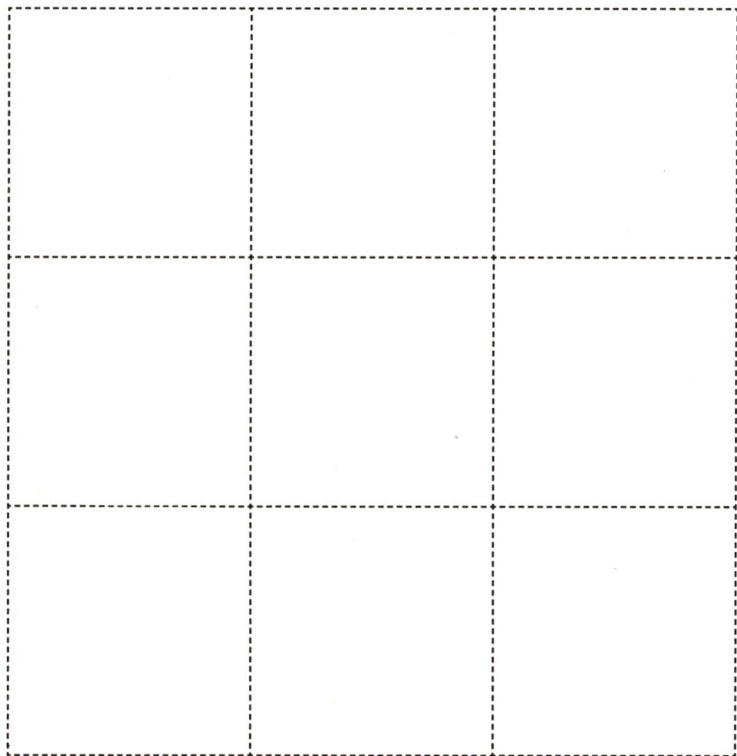

即使你确实没有舞蹈天赋，你也没必要担心——你还可以唱一支欢快的歌曲。

17 世纪的西班牙小说家、诗人塞万提斯也这么认为。他曾说过："欢唱能吓走人的疾病。"想想也不无道理。

音乐学家格伦威尔·汉考克斯是世界知名的单簧管演奏家、指挥家和研究员。他着迷于研究音乐对人的影响，因此进行了一系列调查，看歌唱是否能使人快乐。在其中一项研究中，他对超过 500 多名合唱队员进行了采访。调查结果显示：唱歌使人更加快乐。

来自法兰克福歌德大学的冈特·依茨也对同样的问题进行了更缜密的研究。他去看了一场合唱彩排，让合唱队演唱了莫扎特《安魂曲》的一部分，然后让他们给自己的快乐指数打分。作为实验对照标准，一周后，依茨又一次在合唱队彩排的过程中破门而入，让合唱队听取同一段演唱的录音，然后再次衡量自己的快乐值。结果表明，听音乐并没有让人们感到更快乐，但是唱歌能让人感到快乐得多。

对于"表现"原理的研究表明：与在脑海中想象一些快乐的事情相比，表现得快乐更加快捷、高效。所以，请尽情微笑，让脚步轻快起来，高昂起头，快乐地说话、跳舞、谈笑、歌唱，做任何你喜欢的事情。

或者，换句话说，如果你想要变得快乐，那就先得感觉美好。

第二章
吸引力与人际关系

解开心灵的奥秘，提升你的吸引力，教你如何过上幸福的生活……

"不论学习什么，我们都要从行动中学习。比如说，人们在自己建过房子后才能成为建筑师；只有在自己弹过竖琴后才能成为竖琴演奏家。同样，只有通过从事义行，我们才能成为正义之士；只有通过控制己行，我们才能成为克己之人；只有通过无畏之行，我们才能成为勇敢的人。"

——亚里士多德

1. 爱是什么

1981 年，查尔斯王子宣布与戴安娜·斯宾塞订婚。在一个如今看来臭名远扬的——对他们的电视节目访谈中，记者安东尼·卡修询问了这对新人的感受。查尔斯王子犹豫着说，他感到很开心快乐。对此，卡修不得不追问："那么……意思是……你们沉浸在爱河中？"戴安娜很快给出了肯定的答复，而查尔斯的回答更为慎重，他咕哝着说："那得看爱是指什么。"

查尔斯可不是第一个搞不懂爱的含义的。历史上，许多诗人、音乐家、作家试着解释爱这种人类最难以捉摸的情感。古希腊哲学家亚里士多德认为爱是"同一个灵魂栖息在两个不同的身体里"，而伊丽莎白·芭蕾特·勃朗宁①曾通过诗歌创作试着捕捉爱的真谛："我所做的一切以及我的梦想都不能没有你，就像美酒总是带有葡萄的味道。"与此相比，美国作家约翰·巴里摩尔对爱的观点更为现实，他认为："爱就是当你遇到一个美女和你发现那个美女长得像怪物之间的那段美好时光。"

尽管我们很难给"爱"下一个定义，但毫无疑问爱这种情感一直令我们心驰神往。考古学家们最近在伊拉克尼菲尔流域的考古研究中，挖

① 伊丽莎白·芭蕾特·勃朗宁（1806—1861），维多利亚时期知名女诗人。

掘出土了世界上现存最古老的情诗。这首古老的情诗是一位女祭司写给其丈夫的，它镌刻在一块有 4 000 多年历史的碑上，诗中描绘了她对即将到来的新婚之夜的兴奋之情（"亲爱的，你是那么美，令我深深着迷。让我颤抖着站在你的面前。到这个周末的时候，我能问你借十块钱吗？"）。

爱也是没有文化界限的。从亚马孙流域到亚利桑那州，从撒哈拉沙漠到西伯利亚，虽然社会文化相差迥异，但人们看上去都同样经历着爱情的欢愉与痛苦。曾经有几个社会团体试图禁止其成员间产生爱情，但是都失败了。比如，19 世纪时，震教和摩门教都认为爱其实是淫欲的一种伪装，因此禁止他们的教徒之间有任何的浪漫邂逅。但是，这两个团体里，爱仍然坚强地存活着，并且经常是避人耳目、以私通的方式继续存在。

鉴于爱如此无所不在，你一定认为心理学家应该在很久之前就对其产生了兴趣。其实不然。对人类心灵之谜的探索最近才开始，并且是由一个非常奇怪的事件激发的。

友谊、吸引力、爱的秘密

1967 年，查尔斯·郭特辛格教授在俄勒冈州立大学开设了"劝导的艺术"这一课程。有一次，当他的一批新学生来上课的时候，他们惊奇地看到了一幕奇怪的场景：一个全身都被黑色布袋套住、只露一双脚的人坐在教室里。

教授向学生们解释，一个男生决定套在黑色袋子里上课，并希望他的身份能够完全保密。由于不知道他的名字，学生们决定叫他"黑袋子"。

这个班级成员每周一起上课三次，每一次"黑袋子"都安静地坐在那里。当学生需要依次上台做 3 分钟的陈述或者劝导讲话时，"黑袋子"也只是一言不发地站在教室前面。起初学生们对"黑袋子"有些敌意，曾经有人用雨伞戳他，往他背上贴写有"踢我"字样的标签，甚至试图揍他。

这个情况很快引起了当地媒体甚至全国媒体的注意。全美新闻人士都聚集到这个课堂，CBS 电视台的传奇主持人沃尔特·克朗凯特试图采访这个神秘的袋中人，《生活》杂志也对相关情况进行了报道。

然后，意想不到的事情发生了。几周后，学生们开始跟"黑袋子"产生了一种特殊的感情。尽管他们仍旧不知道他是谁，不知道他长什么样，但他们不再打他戳他，而是开始对他显出关怀、友好之意。学生们对袋中人的隔阂逐渐转化为接受，他们越来越喜欢这个神秘人，带他参与各种活动，并帮忙保护他的身份。当郭特辛格教授让班级同学投票表决是否要"黑袋子"揭示自己的身份时，大部分学生都投了反对票。

课程的最后，许多新闻人士手持"长枪短炮"聚集在学校建筑物的外边，等候"黑袋子"的出现。学生们一句话都没说，默契地在黑衣人周围形成一道人墙，保护他穿过媒体。这一事件深深触动了"黑袋子"，他终于开口说了一句简单但耐人寻味的话："我只是一个套在袋子里的普通人。"直到今天，我们仍不知道"黑袋子"到底是谁。

媒体和公众都开始转而向心理学家寻求帮助，希望他们解释学生们为什么渐渐对班级中的无名氏产生了这种特殊的情谊。然而，他们遇到了一个难题：在当时，心理学家根本无法解释这种现象发生的原因。

20世纪60年代之前，大部分心理学家都将关于友谊、吸引力、爱情的实验视为禁区。也许是急于与弗洛伊德不科学的、完全用性解释人类心理的观点划清界限，各个大学也不鼓励自己的员工调查研究他人的私人生活。误入禁区的人会遇到大麻烦。曾经，一个教授做过一个调查，试图弄清人们是否曾通过向别人耳中吹气来提高他们的兴致，结果遭到了严厉训诫。

即使到了20世纪60年代初期，研究者们也只是就"人类如何喜欢或爱上别人"做过最基本的研究。由于无法解答"黑袋子"之谜，心理学家们深感尴尬，于是他们中的许多人开始涉足学术界的这片处女地，研究友谊、吸引力、爱的秘密。

1975年，威斯康星大学的心理学家伊莱恩·哈特菲尔德获得国家科学基金会的赞助，从事人类历史上第一个关于爱与吸引力问题的系统研究。尽管许多研究者将这一事件视为一大历史突破，但并不是所有人都对此感到兴奋。美国的参议员威廉·普罗克斯迈尔就对哈特菲尔德的研究发起猛烈抗议，授予她"金羊毛奖"（该奖项专门授予"骗取"纳税人钱财的人），并且公开发表声明：

　　我认为两亿美国人民希望他们的生活中能保有一点神秘感。并且，人们最不想知道的就是为什么一个男人会爱上一个女人，或者为什么一个女人会爱上一个男人……所以，国家科学基金会不应该把钱投入那个关于爱的研究的骗局中去。就让伊丽莎白·芭蕾特·勃朗宁和欧文·柏林①告诉我们什么是爱好了。正如亚历山大·蒲柏②所言："无知是福，明智反愚。"

哈特菲尔德不为所动，坚持自己的研究。在她早期的试验中，她与佛罗里达州立大学的研究员卡拉克一起，研究了一个非常直接的问题：如果一个具有一定吸引力的异性提出要与你发生性关系，你会同意吗？

哈特菲尔德和卡拉克让五位女性和四位男性在校园里对之前从没见过的人说："我已经在学校里关注你一段时间了。我认为你非常有魅力。今晚你愿意和我上床吗？"然后，他们在本子上仔细记录了人们的反应，然后向他们解释自己正在做一项社会心理学研究，他们刚才所言完全是本着科学探究精神说的（很可惜，他们没有记录此时人们的反应）。卡拉克和哈特菲尔德在一篇名为《对主动性邀请接收情况的性别差异》的论文中，报告了实验中发现的性别差异：没有一个女性接受性邀请；与此形成鲜明对比的是，高达 75% 的男性接受了邀请。

不出意外，哈特菲尔德的研究引发了热烈的辩论。有人认为这个实验很好地反映出那些拥有社会资源的人是如何利用弱势群体，有人坚持认为这个实验验证了"男性 = 浅薄"这个说法。这个实验还对流行文化产生了意外的影响。1998 年，英国爵士乐队 Touch and Go 让一

① 欧文·柏林（1888—1989），美国作曲家、流行音乐词作家。

② 亚历山大·蒲柏（1688—1744），18世纪英国最伟大的诗人，杰出的启蒙主义者。

位女性背诵哈特菲尔德实验中的台词，并将之用在他们的歌曲《你愿意……吗？》中。这首歌在当年英国单曲榜单获得第三名的好成绩，并在 YouTube 视频网站上有两百万的点击量。

最初研究的成功，促使哈特菲尔德和她的同事们继续从事有关吸引力的其他心理研究。

他们之后的研究表明：人们接触的时间越长，越容易发展友谊或爱情。根据这一理论，你跟某个人待在一起时间越长，那个人就越有可能喜欢甚至最后爱上你。这一原理解释了为何很多人最后会和自己的邻居结婚，以及为什么学生们最后会对"黑袋子"产生情谊。在这一理论的激发下，一个男子为其女友写了 700 封信，最后他的女友嫁给了邮递员（当然，这是个玩笑）。

渐渐地，越来越多的心理学家投入爱的研究中来。自 20 世纪 70 年代中期以来，千百位研究人员进行了千万次实验，试图揭开人类心灵的奥秘。

爱的真相

对于爱的研究有许多不同的形式，包括偷偷观察单身酒吧中调情的人们，组织科学的快速约会活动，发布虚假的个人求偶广告，检测人们接吻时的激素水平，对婚后生活幸福的夫妻进行研究，等等。

很快，人们发现，爱是很难研究的。20 世纪 70 年代早期，心理学家唐恩·拜伦声称自己发现了爱情的公式，很骄傲地将其表示为：

$$Y= m[\sum PR/(\sum PR + \sum NR)]+k$$

其中 Y 代表吸引力，PR 代表增强吸引力的因素，NR 代表减弱吸引力的因素，K 是一个常量。人们对于拜伦这一发现的反馈，可以用一个数学公式表示：

$$X<1$$

其中 X 代表相信以上公式的人的数量。

其他学者采用了更有建设性的方法，认为人们会在自己的脑海中下意识地列出一些自己喜欢的人的特质。当他们遇到一个符合所有这些特质的人时，大脑会突然开始加速运转，随之坠入爱河。

尽管这些研究其实是试图发现人类如何确定恋爱对象，但它们揭示了爱的两种主要形式。

第一种爱被称作"热烈之爱"，它会引起强烈的兴奋、迷恋之情，使人情绪高涨。正是在这种爱情的作用下，两个人能整夜促膝长谈，然后一起观看日出。一些心理学家对这样的恋爱持有浪漫主义的观点，将注意力更多地集中在它好的一面：情侣渴望待在一起，不停地想念对方。然而，另一些人摘掉有色眼镜，以更实际的态度看待这种感情，指出热烈之爱对某部分大脑的刺激其实与吸毒、酗酒并无二致。

第二种爱被称作"慈悲之爱",它更多的是人们之间的依恋而不是一种吸引。这种爱情形式往往存在于那些关系稳定、长期、和谐的情侣间,它更多的不是关注求偶时的兴奋之情或初次接吻时的强烈感受。

多年来,研究者们制作了许多问卷,试图衡量这两种不同类型的爱。几年前,哈特菲尔德及其同事将这一试卷分发给三种不同类型的情侣:刚确定关系的情侣、新婚夫妇、结婚多年的夫妻。通过对实验结果的分析,哈特菲尔德追踪了在感情历程中爱的演变。

首先,好消息是:刚刚开始约会、确定恋爱关系的情侣会经历非常高水平的"热烈之爱"以及挺高水平的"慈悲之爱"。其次,更好的消息是:新婚夫妇间,两种类型爱情的水平都更高!再次,再让我们来点不大好的消息:结婚一年后,事情开始变化了……两种类型的爱情都下降到了最初约会时的水平。最后,是个坏消息:婚后 30 年,两种类型的爱情水平都会下降,其中"热烈之爱"的水平下降更快。也许,爱情永远不会消失。但是随着时间的流逝,爱情确实会经历剧烈的震荡,大幅削减。庆幸的是,就像我们在本章后面部分会说到的那样,一旦你了解了爱情的真相,就能轻松地在多年的关系中保有一份激情。

哈特菲尔德的实验结果有些令人沮丧,然而人类又需要被爱。因此,我们就不难理解,自古以来那些提供爱情保鲜秘方的人为何从来不乏顾客了。

你是否活在爱中

请完成以下问卷，在以下句子中填上你伴侣的名字，然后在每一句后面从1（完全错误）到5（完全正确）打分：

1. 如果 _____ 离开我，我一定会心碎。

2. 我一直在想着 _____。

3. 在我认识的所有人中，我就愿意跟 _____ 在一起。

4. 如果 _____ 爱上了别人，我会感到非常嫉妒。

5. 当 _____ 碰我时，我浑身颤抖。

6. 当看到 _____ 受苦受难时，我感到非常难过。

7. 我和 _____ 一起做事非常愉快。

8. 帮助 _____ 做事让我感到人生充满意义。

9. 我更愿意帮 _____ 而不是帮我自己。

10. 与 _____ 在一起，我感到很舒服。

打分：

首先，请将前五个题目的分数相加，这是你"热烈之爱"的分数。
参考下文，看看你自己的分数情况。

< 5：你没仔细阅读答题说明。

5~7：感觉相当冷淡，激情好像已经流逝了。

8~10：感情有点冷淡，不温不火。

11~15：一般，偶有激情时刻。

16~20：感情热烈，但仍有进步空间。

21~25：恭喜你，你正在经历着疯狂热烈的爱情。

接下来，请将后五个题目的分数相加，这是你"慈悲之爱"的分数。
参考下文，看看你自己的分数情况。

5~7：感情淡薄的友谊。

8~10：你俩之间有一定的感情，但是并不强烈。

11~15：一般，偶有激情迸发。

16~20：强烈关怀。

21~25：恭喜你，你正在经历着慈悲之爱。

寻找真爱的历程

几个世纪以来，江湖术士以及巫婆们就声称有咒语或者秘方能够让两个人永远相爱。拜占庭帝国的人相信当他们吃光一个由驴奶和蜂蜜制成的"爱情蛋糕"后，爱神丘比特之箭就会射向他们。整个中世纪，可怜的番茄被人们广泛视为"爱情之果"。清教领袖为了阻止追随者们食用番茄，传播谣言说番茄有毒。当人们发现咒语、驴奶和番茄都没有发挥作用后，他们转而寻找其他能帮助他们找到人生至爱的实际方法，如刊登求偶广告。

求偶广告的历史相当之长，世界上第一个求偶广告于 1695 年出现在一份名叫《提高农商方法集萃》的出版物上。这条广告夹在一则阿拉伯种马广告和一则二手床广告之间，是一个富有的绅士刊登的，希望寻找"一位差不多拥有 3000 英镑财产的淑女"。不幸的是，历史上没有记载这条广告的效果。但是，这个方法很快流行开来，人们开始刊登要求更多也更幽默的广告。18 世纪，一条求偶广告希望找到"身体无残疾"的应征者，另一条广告则希望找到"脚踝样子好看"的人，还有一条广告则希望找到一个"……有 200 或 300 英镑财产的老婆"。

几百年过去了，人们依然孜孜不倦地寻找爱情。20 世纪 50 年代，两个有上进心的哈佛学生创建了世界上第一个计算机媒人系统——"配偶运算"系统。为了验证这一系统，他们请 7 000 多人完成性格测试，然后将这些信息做成穿孔卡，并由一个屋子大小的计算机主机进行运算。6周后，每一个实验参与者都收到了一份名单，内含经过计算后发现的与他们性格匹配的相亲对象的地址和电话号码。现在的相亲网站依旧在使用相同的原理运作，并且发展出了越来越复杂的算法，以便能够根据几个元素给千百万人精确配对。

婚介产业的最新创举诞生于20世纪末。当时，犹太拉比（犹太教教士）雅各布·迪佑试图帮助犹太单身青年们认识彼此，于是想出了"快速约会"的方法。这个方法很快流行开来，现在全世界千百万年轻人试着通过3分钟的快速约会找到真爱。

然而，爱情产业并不仅仅满足那些寻找爱情之人的需要。当情侣之间遇到问题时，爱情顾问、DVD碟片、相关书籍等都可提供一系列据说能够使人和好如初的建议。

但是这些技巧有用吗？研究者们认为，与快速约会对象确定恋爱关系的概率为4%。相亲网站的效果好一点，一个知名网上相亲机构的调查显示：之前3年通过相亲网站相识结婚的人，占总结婚人数的17%。

近来的一些相关数据，可能会令那些希望爱情长久的人灰心丧气：半数美国人的首次婚姻破裂；并且，有三分之二的第二次婚姻和四分之三的第三次婚姻破裂。

受到关于"表现"原理能制造快乐情绪的启发，研究者们开始思索，是否"表现"原理也能够帮助人们找到人生真爱，使人们在长久的婚姻关系中同舟共济、共渡难关。

这启发了斯坦利·沙克特博士，他发起了"爱的呼啦圈"运动。

2. 身体感受能量

回想一下，你上一次感受到激烈的情绪是什么时候。也许是在做演讲之前感到焦虑，也许是在进行一个重要的工作面试之前感到紧张，也许是在约会成功后感到兴奋，也许是受到别人侮辱时感到愤怒……无论如何，除非你是精神病患者，不然你肯定会感到自己的身体因为情绪改变而发生的巨大变化。也许，你会心率提高、嘴巴变干，或者你的掌心会冒汗。

之前对于情绪的心理学研究试图将不同的情绪与不同的身体感受对应起来。研究者们将人们请到实验室，在他们的身上接满各种传感器，然后或侮辱他们使他们生气，或突然发出巨大的声音使他们害怕，或给他们蛋糕吃使他们开心。然后，实验团队仔细研究实验产生的大量数据，试图寻找身体感觉与不同情绪之间的对应模式。是不是人一旦生气就会心率骤升、呼吸急促？是不是人一旦害怕就会嘴巴变干并且流汗？是不是人高兴时就会心率下降、呼吸放缓？

研究者们进行了多年研究，试图打造一本情绪方面的心理学宝典。但很明显，他们的想法是错误的。尽管不同的实验参与者体验到了不同的情绪，但是他们的身体感受惊人的相似。"不同的情绪对应不同的身体感受"的想法根本说不通。

20 世纪 60 年代时，心理学家斯坦利·沙克特最终解开了这一谜团。

沙克特供职于哥伦比亚大学，从事过一系列有意思的研究，包括肥胖问题、尼古丁上瘾、邪教以及贪婪等等。职业生涯之初，他曾经从事过一个如今被视为经典的研究，探索当人们感受到某种情绪时，身体内部的变化。现在，请跟我一起，想象你正在参与他的这一实验研究：

你正边走在街上边想着自己的事情。突然，你看到了一条广告，征募志愿者参与一项实验，研究维生素化合物沙普乐星对视力的影响。你很想工作几小时赚上一笔钱，所以你拨打了广告上的电话，并于次日来到了沙克特的实验室。

当你来到实验室后，一个研究人员给你注射了沙普乐星，向你解释说药物生效还要有一段时间，并让你到旁边的休息室等候。你来到休息室后，对已经坐在里边的男子礼貌微笑。然后，你们开始聊天，该男子告诉你，他也是这一实验的参与者，就像你一样，他也在等待药物生效。

几分钟后，你的这位新朋友突然变得很快活。他在墙角找到一个呼啦圈，开始玩起来。并且，他还讲了些笑话，并爬到家具上，向废纸篓里扔纸球。与这位"快乐先生"相处 15 分钟后，研究人员来到休息室，让你填写一份针对你现在情绪状况的调查问卷。当你填完这份问卷后，研究人员告诉你实验结束了。但是，我们知道，在心理学领域，一般来说，事情都不像看上去那么简单。

沙克特相信，关于"不同的情绪对应不同的身体感受"的科学研究之所以失败，是因为此类研究都是建构在一个错误的假设上。在他看来，不可能每种不同的情绪都能对应不同的心率、呼吸、出汗等情况；因为情绪有太多种，而身体的感受非常有限。因此，沙克特认为，事实上，情况简单得多。

他假设所有的身体感受都是由一个心理系统引发，这一心理系统的运作模式很像拔河比赛。

绳子的一端是红队。当红队开始发力时，你感到身体仿佛被唤醒一般，更加活跃积极：肾上腺素和身体中的糖分迅速释放到血流中来，为人体提供足够的能量；心跳加速、呼吸急促，以使肌肉获得更多的氧气；血流速度放缓，如果受伤的话可以减少出血量；胃液加速分泌，以消化产生更多的能量。简言之，你的身体正经历着一个著名的"抵抗或逃避"反应。如果你既不决定出击抵抗又不决定离开逃避，那么你身体中过剩的精力将会使你感到头脑发晕、双腿发软、胃部不适，以及身体颤抖。

绳子的另一端是蓝队。当蓝队开始发力时，你的身体镇定下来：心跳放缓、消化系统恢复正常。

同样，当你躺下来浑身放轻松时，蓝队开始行动，你的心跳减速、呼吸放缓。当你站起来运动时，红队又开始行动，你的心跳和呼吸恢复正常。

大多数时候，红队和蓝队齐心协力使你的身体感受适应周围环境。比如说，当你看到丛林间有一只老虎时，红队开始行动，因此你心跳突然加速。然而，当你记起你是在动物园里，其实安全得很时，蓝队开始发力，因此你的心跳放缓。

根据沙克特的理论，并不会有不同的身体感受来对应不同的情绪。但是，人体中存在着一个心理系统，人在产生不同的情绪时，会有不同强度的身体感受。

身体语言与情绪

不同的人应对不同的情绪会产生不同程度的身体感受。下面的问卷将帮助你测试你的身体对情绪的反应情况。

想象你现在正处在一个相当紧张的情况下。请根据你自己的情况，对以下十句话给出自己的分数，其中：

1. 从不　　2. 偶尔　　3. 有时　　4. 经常　　5. 总是

感到有压力时⋯⋯　　　　　　　　　　　　　　**分数**

⋯⋯我会脸红，或者脸色苍白。　　　　　＿＿＿＿

⋯⋯我会腿软，并且手抖。　　　　　　　＿＿＿＿

⋯⋯我的呼吸会变得急促短浅。　　　　　＿＿＿＿

⋯⋯我会心跳加速。　　　　　　　　　　＿＿＿＿

⋯⋯我的掌心开始出汗。　　　　　　　　＿＿＿＿

⋯⋯我的胃开始咕咕叫。　　　　　　　　＿＿＿＿

⋯⋯我背上的汗毛会竖起来。　　　　　　＿＿＿＿

……我的嘴巴变干。　　　　　　　＿＿＿＿＿

……我的眼睛变得湿润。　　　　　＿＿＿＿＿

……我的脸和耳朵变烫。　　　　　＿＿＿＿＿

加总你的分数。参考以下表格，看看自己的得分情况：

10~20：反应很弱。

21~30：反应比较弱。

31~40：反应一般。

41~50：反应强烈。

反应或强或弱本身并不是什么好事或坏事。反应弱的人能够在压力大的情况下保持镇静，反应强烈的人对威胁能够做出及时有效的反应。

不过，沙克特的理论有一个很大的问题：如果身体感受只是强烈程度有所区别的话，人们为什么能够感受到那么多不同的情绪？他的解决办法是将研究目标从身体转移到大脑。根据他的理论，当你感受到身体活动的变化时，你会环顾四周，试着搞清楚发生了什么事情，然后据此确定自己的情绪。所以，举例来说，如果有人冲你大喊大叫，你会感到心跳加快，继而你听到别人对你的侮辱性语言，然后得出结论：你应该生气。同样，当你跟一个有魅力的人在一起时，你同样也会感到心跳加速，但是你的大脑会得出结论：这不是因为生气，而是因为你对对方产生了欲望。

沙克特的观点彻底颠覆了人们对于情绪的传统观点。根据传统观点，人先有情绪后有身体感受。你看到一头狮子，会感到害怕，继而开始冒汗。或者你看到过山车后变得兴奋，继而心跳加速。沙克特却认为情况是完全相反的。看到狮子后，你开始流汗，然后你观察到自己所处的危险情况，继而感到害怕。或者说，你看到过山车后心跳加速，然后你观察得知自己身在游乐场中，继而感到兴奋。如此，沙克特的观点其实是威廉·詹姆斯关于情绪理论的一个延伸。詹姆斯认为，人们操控自己的面部表情、身体行为，然后确定自己的感受。沙克特则将这一理论延伸到身体感受领域（请见下表）。

身体感受和情绪

常识告诉我们，身体感受和情绪的因果关系如下：

看到一辆车驶来 → 感到害怕 → 胃猛地一缩

路遇最崇拜的名人 → 感到兴奋 → 开始流汗

沙克特的原理告诉我们，身体感受和情绪的因果关系其实如下：

看到一辆车驶来 → 胃猛地一缩 → 查看周围情况 → 感到害怕

路遇最崇拜的名人 → 开始流汗 → 查看周围情况 → 感到兴奋

如果沙克特对"表现"原理的延伸是正确的话，那么就会引发一个有趣的推论：在不同情况下，人心跳加速可以使其产生不同的情绪。这就是刚才实验中你为什么要和"快乐先生"一起待一会儿。

维生素化合物"沙普乐星"其实并不存在，这个实验也和视力没有半点关系。正如你现在也许已经猜到的一样，"快乐先生"其实是个托儿，他专门为实验参与者逗趣。

实验中你注射的液体里含有一定量的肾上腺素，因此能激发你的心理情绪。注射后，你身体里面的红队开始发力，使你心跳加速、双手颤抖、嘴巴变干。根据沙克特对于"表现"原理的延伸，与"快乐先生"在一起待一会儿后，你会将身体的奇怪感受看作快乐的信号，因此你会感到格外的快乐。

这也正是实验结果显示的。一次又一次，与"快乐先生"共度一段时光的实验参与者都在沙克特的问卷上勾选了"不知为何，我感到很高兴"这一选项。

"表现"原理认为,在不同情况下同样的身体感受会使人产生不同的情绪。为了验证其真实性,沙克特又开始了研究的第二部分。他请一些人来到自己的实验室,给他们注射了"沙普乐星"(其实是肾上腺素)。然后让实验参与者拿着问卷到休息室填写。

但是,这一次,当实验参与者来到休息室时,他们碰到的不是"快乐先生"和他的呼啦圈,而是"愤怒先生"。他还是由"快乐先生"扮演,但这次他是一个非常生气的人,不停地抱怨调查问卷。当他看到问卷上越来越私人的问题("你母亲和多少个除你父亲以外的男性发生过婚外情?选项:4个及以下,5个到9个,10个以上"),"愤怒先生"变得越来越火大,最终撕毁问卷,扬长而去。

"愤怒先生"的行为会促使实验参与者将自己的心跳加速归因于恼怒吗?答案是肯定的。当第二组参与者描述他们的情绪时,他们声称自己感到非常恼怒。

在两组实验中,实验参与者的身体感受是相同的。但是在第一组实验中,在"快乐先生"的鼓舞下,人们从积极的角度看待自己的心跳加速,因而感到快乐;而在第二组实验中,"愤怒先生"将沮丧情绪带给了实验参与者,他们从消极的角度看待自己的心跳加速,由此感到恼怒。

为了确保实验参与者的情绪并不仅仅是受到呼啦圈或者涉及隐私问题的影响,沙克特又在实验中增加了另外的环节:新增两组实验者,给他们注射惰性盐水而不是肾上腺素。这些实验参与者并没有心跳加速,所以他们没有感到特别的情绪化。因此,即使是与"快乐先生"或"愤怒先生"共处一室,他们也没有感到特别的快乐或者恼怒。

"表现"原理也解释了情绪的其他许多方面，比如人们为什么会在特别悲伤或者极度快乐时大哭。传统理论很难解释为何不同的情绪能够引发完全一样的行为。然而，根据沙克特的理论，所有情绪引发的身体感受都是一样的，所以同样强度的情绪能够引发同样的身体表现。

还有一些实验研究认为，当温度升高时，重大的甚至致命的袭击会增多。"表现"原理又一次轻而易举地解释了这一现象。当人们处于炎热的环境中时，他们会心跳加速，开始流汗。有些人试图从生理学方面解释这一变化，错误地将此归因于人们在天热时会生气，因此做出相应表现。这是一个有趣的解释，但是它正确吗？为了找到问题的答案，一组实验人员将实验室的温度提高至 90 多华氏度，并给实验参与者机会，允许他们彼此电击。实验结果显示，房间越热，人们彼此电击的概率越大。实验人员让人们喝瓶冷水冷静下来，然后再给他们一次彼此电击的机会。突然，人们变得没有那么富有攻击性了。

但是，到目前为止，"假想"原理最重要的影响是作用于那些希望获得爱情的人，而不是那些想要挑起战争的人。

"怦然心动"的真真假假

沙克特把身体感受和情绪的关系比作自动点唱机。就像是必须投入硬币后自动点唱机才开始运作一样，必须发生一件事后人们的身体才能有所行动。就像人们使用自动点唱机时能够选择自己想要听到的旋律，人们会下意识地观察周围发生的事情，据此决定自己该如何解释身体的感受，继而形成一种情绪。追随着詹姆斯的脚步，沙克特用他自己对"表现"原理的延伸制造快乐和悲伤。但它是不是真的能够用来创造爱情呢？

为了找到这一问题的答案，来自马里兰大学的格雷戈里·怀特及其同事开展了两个突破性的实验研究，探索心跳和爱的关系。在这两个实验中，怀特使男士们心跳加速，然后给他们放了一段录像，录像中一个非常具有吸引力的女士正在介绍自己的爱好。此后，怀特要男士们打分，调查在他们看来，这位女士的性感程度以及他们自己想要亲吻这位女士的欲望程度。

在第一个实验里，怀特让一组男士原地奔跑 2 分钟（心率高）；让另一组男士同样是原地奔跑，但是只跑几秒钟。在第二个实验中，一组男士收听搞笑大师史蒂文·马丁《一个狂野疯狂的家伙》的录音，或者一段暴民残杀外国传教士的恐怖描述（心率高）；另一组男士收听一段关于青蛙血液循环系统的枯燥讲解（心率低）。

正如预计的那样，相比于那些只跑了几秒钟或者听了青蛙生理知识的男士来说，那些被 2 分钟原地跑、史蒂文·马丁的笑话或传教士被杀的恐怖故事刺激得心跳加速的男士认为：录像中的女士更加具有吸引力。

当然，其他的一些实验也证实了这一结果。其中最出名的，莫过于心理学家唐纳德·达顿和亚瑟·阿伦的实验。他们组织了一批女性"市场调研员"（其实她们是托儿）在两座横跨英属哥伦比亚卡皮兰诺河的小桥上走近男士们。其中一座桥在风中会很危险地摇来晃去，而另一座桥则稳固得多。那座危险的桥使男士们心跳加速，他们误将其认为是激情的象征，因此认为那些女士格外具有吸引力。在另一个实验中，来自得克萨斯大学的心理学家辛迪·梅斯顿和佩妮·弗罗利希来到游乐场，在人们乘坐一个恐怖的过山车之前或之后几分钟对他们进行了采访。她们向人们展示了一位女性的照片，让他们为这位女性的魅力指数打分。那些乘坐过过山车的人错误地将自己的手心冒汗这一反应理解为爱的标志，认为这个女性格外有吸引力。

这一结论对于那些想要找到真爱的人来说是一个重要的暗示：若你想要成功约会，不要去乡间散步，也不要去参加冥想课程；你应该去游乐场、去大桥上、去看戏剧表演，或者到电影院去看恐怖电影。

"表现"原理也帮我们解释了爱情其他许多有趣的方面。

得不到的永远在骚动

单相思经常会让人更加渴望那得不到的恋人。单相思的结果往往是戏剧性的，被拒绝的恋人最终可能绑架自己朝思暮想的情人，然后涕泪俱下地解释说："她对我的拒绝使我更加想要爱她。"

许多心理学理论试着解释这一现象，但是这很难，因为人们总是想方设法避免那些会让自己感觉糟糕的人。"表现"原理却能对这一现象提供一个合理的解释。

当人们无法去做自己想做的事情时，他们会变得沮丧、生气。当人们恰巧身陷爱河，他们会把沮丧的心理信号错误地理解为爱情的证据。因此，他们越是被拒绝，就越是依恋那些得不到的恋人，觉得对方充满了魅力。

这一理论还解释了爱情的屏障对人心灵的奇怪作用。希腊作家瓦西利斯·瓦西里克斯曾经写过一个故事，里边有两个神秘的生物：一个是上半身为鸟的鱼，一个是下半身为鱼的鸟。他们深深相爱，但是有一天，鱼鸟烦恼地说他们永远不能生活在一起。但是，鸟鱼看到了这一棘手情境好的一面，安慰鱼鸟说："不，我们是多么幸运啊！这样我们就会永远相爱，因为我们永远都是相互分开的。"

瓦西里克斯并不是第一个认为距离产生美的作家。在罗马神话中，皮拉摩斯和提斯柏是一对情侣，但是他们的父母却不同意他们在一起，并且想方设法阻止这对情侣见面。他们被困在相邻房子的不同房间里，通过墙上的洞倾诉衷肠。作家伊迪斯·汉密尔顿在其对故事的演绎中将此描述为："然而，爱是不能被禁止的。越是试图熄灭爱的火焰，爱的热情就会越发高涨。"在莎士比亚著名的悲剧《罗密欧与朱丽叶》中，两个敌对家庭越是阻挠他们在一起，他们之间的感情就越深厚。

为了探索在现实生活中是否也存在同样的奇怪现象，科罗拉多大学的心理学家理查德·德里斯科尔在一年中追踪了几百对情侣的生活，观察他们对彼此的爱意程度以及他们的父母对他们感情的干涉情况。结果显示，父母越是试图干涉、阻拦一对情侣的感情，他们之间的感情就越深厚。德里斯科尔将这一现象称为"罗密欧与朱丽叶"现象，以示对莎翁伟大剧作的敬意。

　　许多关于爱情的传统理论认为："眼不见，心不念。"他们认为将一对情侣分开后，他们之间的兴趣就会渐渐消失。然而，"表现"原理毫不费力解释了这一现象。越是将一对情侣分开，他们就越是生气，然后他们往往将自己沮丧的情绪错误地理解为爱的迹象。

　　"表现"原理还能解释以下现象：当一段感情终止时，人们往往会感到非常焦虑。如果在刚刚结束上一段感情后，他们很快遇到一个新的可以交往的对象，就会误把焦虑感当作爱的迹象。这一现象得到了实验的证明。在一项实验中，一些男士先做了性格测验，得到了积极的反馈（为了使他们感觉良好）或消极的反馈（为了使他们感到焦虑）。然后实验人员让他们来到自助餐厅，在那里，他们会遇到一位吸引人的女性。正如沙克特预料的那样，刚刚收到消极反馈的人认为，这位女士格外具有吸引力。

　　"斯德哥尔摩综合征"同样印证了沙克特对于"表现"理论的延伸。当人们不幸被俘虏时，他们往往会对劫持者产生一种特殊的感情。这一症状相当普遍，据美国 FBI（美国联邦调查局）的人质数据库系统显示，差不多三分之一的人质有这一症状。有趣的是，这一情况只有在劫持者对人质体现出一定程度的好意时才会出现。因此这可能正是因为人质将自己自由被剥夺的焦虑感错误地理解成喜欢的标志。同样，这也可以解释为什么人们会对虐待自己的伴侣感到依赖。

　　多年来，心理学家相信人的情绪影响他们的生理表现：感到生气他们会心跳加速，感到焦虑他们会出汗。正如关于詹姆斯理论的研究证明了人们的行为能引发情绪，沙克特的研究证明了人们对自己身体感受的解释决定了他们的情绪。据此，怦怦跳动的心可以被看成生气、快乐、爱情的迹象。在沙克特理论的指导下，人们可以通过观看滑稽电影、走过危险的桥梁、乘坐恐怖的过山车来制造爱意。这一理论也解释了爱情许多奇怪的方面：为何拒绝会引发人更强烈的情感，为何试图拆散一对情侣反而会加深他们的感情，为何人们很难离开那些明明对自己非常不好的伴侣。

受到沙克特研究的启发，研究者们开始利用"表现"原理对爱情的其他方面进行研究。

3. 实验室里的爱情

19 世纪末，不走寻常路的科学家弗朗西斯·高尔顿先生将其毕生精力投注于对奇异心理学现象的研究中。他始终坚持自己的理念："如果可以，就计算吧！"他通过衡量听众们坐立不安的程度来看同事们的课程是否无聊，通过计算牧师们的平均寿命来检测祈祷应验与否，并且花费数月时间试着冲泡一杯完美的茶。

在一篇名叫《测量性格》的文章中，高尔顿认为可以通过人们在约会中的"倾斜度"来衡算他们相爱的程度。他注意到，当恋人们坐在一起吃饭时，他们会不自觉地向彼此倾斜身体，因此将更多的身体重量压在椅子的前腿。高尔顿于是建议给椅子等日常家具的前腿安装一个"有刻度有钟面的压力测量仪"，由此客观测量爱的程度。高尔顿在这篇文章的结尾表示："我对此进行了一些基础的实验，但是因为还要从事其他问题的研究，我并没有像自己之前期待的那样继续进行这项实验。"不幸的是，维多利亚时代的科学家们并不愿意根据高尔顿的建议改进家具，他那测量恋人之间爱恋程度的想法也渐渐地被人遗忘。

事实上，直到 20 世纪 70 年代，才有人重新尝试记录热恋中人们的行为。但他们没有采纳高尔顿的想法，而是采用了观察法。几年来，一组热忱的实验人员大胆地来到此前心理学家鲜有涉足的酒吧和派对。在那里，他们偷偷观察恋人之间的表现。观察结果证实了人们的想法：那些深陷爱河的人会不自觉地将身体靠向对方，长时间地看着彼此的眼睛，在桌下碰脚调情，模仿对方的身体语言，触碰彼此的手和胳膊，并且分享自己的秘密。

实验人员受到此前实验中应用"表现"原理制造快乐的做法的启发，想要知道：如果人们表现得好像他们身陷爱河一样，他们是否就会真的爱上对方。

首个相关实验由美国斯沃斯莫尔学院的肯尼斯·格根完成。情侣们经常在黑暗中度过美妙的时光，因此格根想要知道如果让陌生人也一起待在黑暗中会发生什么。他首先用衬垫整个覆盖一间10英尺见方的房间的地面以及墙壁，然后让四男四女在这间屋子里共处一小时。此后，他又关上灯，让一组差不多的实验参与者在屋内完全黑暗的环境下相处一小时。

格根分别使用普通相机以及红外线相机记录下房间里的一举一动，并且在实验结束后对每一个参与者进行了采访。在一篇名为《黑暗中的变异》的文章中，他指出：当灯亮着的时候，没有实验参与者故意触碰或拥抱其他人，只有30%的人感受到了性欲；然而，当房间中关掉灯陷入完全的黑暗后，情况发生了变化——将近90%的人故意触摸别人，50%的人互相拥抱，80%的人感受到了性欲。此外，黑暗中的人们更愿意谈论自己生活中重要的事情，并且感到彼此更具吸引力。格根的录像显示，甚至有人互相抚摸彼此的脸颊并开始亲吻。当人们身处只有情侣之间才会处于的情境时，他们迅速表现得仿佛自己也被爱神之箭射中一样，认为彼此更具吸引力。

这个实验只是此后众多制造爱情的实验室实验的冰山一角、开山之作。

亲密关系的诞生

哈佛心理学家丹尼尔·魏格纳想要知道，是否正如微笑能使人变快乐一样，让两个陌生人触脚调情会让他们感觉到对方更有吸引力。魏格纳注意到，此前实验人员在证明"微笑让人快乐"这一假说的实验中往往会编一个理由，以防止实验参与者受到实验本身的影响，只给出实验人员他们想听到的结果。因此他假装这个实验的目的是研究打牌者的心理。

志愿者们每四人一组来到实验室。他们四个互不相识，包括两男两女。然后实验人员将他们分为两组进行扑克对抗赛，每组包含一男一女。此后，实验人员将两组实验参与者分别带到两间不同的房间，向他们解释游戏规则。事实上，实验人员让其中一组通过在比赛中使用暗号的方法作弊。如何传递暗号呢？作弊的一组要在比赛过程中不断地互相碰脚，将信息传递给彼此。

其实，这是让他们在不知情的情况下触脚调情。比赛结束后，四个实验参与者都要为其他人的魅力指数打分。那一组表现得好像彼此相爱的男女，认为彼此更具吸引力。

魏格纳可不是唯一试图在实验室创造爱情的人。2004 年，来自斯托尼·布鲁克大学城纽约州立大学的心理学家亚瑟·阿兰和芭芭拉·弗雷利进行了一个同样奇怪但也同样具有洞察力的实验，但是他们使用的道具是眼罩和一包吸管。

年轻情侣在一起总是非常欢乐，因此实验人员想要知道鼓励人们在一起共度美妙时光是否能让他们的心灵彼此靠近。为了找到问题的答案，他们请实验参与者来到实验室，给他们随机配对，然后将他们分为两组。

其中一组中，每对实验参与者都度过了一段美妙的时光。实验人员用眼罩将其中一人的眼睛蒙上，然后让另一个人拿一根吸管，再让他们分别咬住吸管的一端。接下来，实验人员让那个拿吸管的人朗读一种舞步的练习说明，另一个眼睛被蒙住的人学习那种舞步。此后，实验人员拿掉眼罩和吸管，给其中一人笔和纸，给另一个人一些简单的物体（如树木、房子等）的名字。其中一人不能说出这些物体的名字，只能尽量描述它们的特点，而另一个人则尽量画出这一物体。另一组中，每对实验者没有眼罩和吸管，只是板着面孔学习舞步并画画。

游戏结束，所有的实验参与者都要画两个有所重叠的圆圈，表示他们对自己同伴感觉的亲密度。结果表明，那些表现得像开心的情侣一样的实验参与者感觉与对方亲密得多。

多年来，实验人员开展了许多类似的研究。在一些实验中，实验人员假装要研究超能力，因此让实验参与者互相对视；在另一些实验中，他们鼓励完全陌生的人们互相分享自己最大的秘密。一次又一次，实验者发现，爱意是可以制造产生的。

假戏真做的奥秘

受到以上实验结果的激励，美国心理学家罗伯特·爱泼斯坦决定更进一步，研究是否能够在实验室外使用这些方法来制造爱情。

爱泼斯坦职业生涯经历丰富。他在不到 20 岁的时候觉得自己的使命是成为一个拉比，因此他变卖所有财产，去了以色列。6 个月后，他发现那不是自己真正的使命，于是回到美国，决心"为整个人类做出重大持久的贡献"。他对心理学产生了兴趣，最终作为本科生来到了哈佛大学学习。他 4 年中就发表了 21 篇论文，因此哈佛大学心理学系的系主任特批他可以不用写毕业论文，并鼓励他将自己"发表过的文章装订成册，并且尽量发表更多文章"。几年后，爱泼斯坦成为知名杂志《今日心理学》的主编。2003 年，他离开这家杂志，进行了许多包括创造力、压力、青春期等主题在内的研究。当然，他也研究了"爱"这一主题。

爱泼斯坦认为，当代西方人的爱情观念受到童话故事、浪漫小说和好莱坞大片的不良影响。当人们还很小的时候，他们就读一些故事，故事中不幸的女主角总是被身穿闪亮盔甲的骑士带离苦海，爱被描写成由带魔力的亲吻、神奇的药水、神的旨意引发的神秘情绪。他们长大后，读的书或看的电影中，人们不停地寻找着人生至爱；如果他们找到了，他们就会永远幸福地生活在一起。爱泼斯坦认为，这些关于爱情的错误的观念渗透到我们的头脑中，对我们的生活起了破坏性的作用。

他认为，爱情不是一个有魔力的过程，人们也不是命中注定要和某一个人在一起。相反，他相信爱情是根据已有的心理学原理发展的。如果表现得彼此相爱，任何两个人都可能彼此产生爱意。

这个想法也许听起来挺奇怪，但是有证据表明，这个想法也许是正确的。

许多名人因戏结缘。一个著名的例子是，在演完电影《埃及艳后》之后，理查德·伯顿就深深地爱上了伊丽莎白·泰勒。布拉德·皮特和安吉丽娜·朱莉在《史密斯夫妇》中扮演一对夫妻，然后在戏外也产生了感情。在电影《豪情四海》中，沃伦·比蒂扮演强盗本杰明·布格西·西格尔，他对片中由安妮特·贝宁扮演的好莱坞新星一见钟情。戏外，比蒂和贝宁在拍戏结束后很快步入了婚姻殿堂。这些名人在片中扮演情侣的角色，在戏外也很快结缘。

2002年6月，当时40多岁仍是单身的爱泼斯坦发表声明，称他要进行一个"勇敢的、非常私人化的"实验，来证明他关于爱的理论是否正确。他在《今日心理学》中写道，他想找一个愿意与他一起实验的女性，验证是否能够让两个完全陌生的人学着爱上彼此。爱泼斯坦和那位女性不会经历那些可怕的约会，而是会按照一套旨在让他们爱上彼此的规则（比如：不与别人约会，共同参加一些促进感情的活动）相处6到12个月。然后他们将合著一本关于他们实验的书（名为《制造爱情：我们学着相爱，你也可以》)。爱泼斯坦解释说，这个想法不是一个公关噱头，而是一个针对爱之本性的严肃实验，已经有很多大出版社有意出版此书。

这一想法很快得到了媒体的关注，超过 1000 位女性报名参与此实验。爱泼斯坦约见了其中的 15 位女士，但是最终又拒绝了所有人。他后来解释说，那些女士都更想出名，而不是想要学着爱上他。

然后，2002 年圣诞节，爱泼斯坦在飞机上结识了邻座的女士，来自委内瑞拉的前芭蕾舞演员盖布瑞尔·卡斯特罗。他们互相交谈，然后爱泼斯坦向她介绍了自己的实验，并请卡斯特罗与他一起完成。一开始，她并不乐意，但是最终答应了。于是 2003 年情人节那天，他们签署了《恋爱协议》。不幸的是，这对情侣面对着异地恋这一难题（卡斯特罗在委内瑞拉，爱泼斯坦在美国），因此，尽管后来曾多次向恋爱专家寻求帮助指导，他们还是在几个月后终止了这个实验。2008 年，爱泼斯坦与一个他在马恩岛上讲课后遇到的女士结婚了。

爱泼斯坦并没有受到他个人爱情计划失败的影响，而是发明了一些方法，以帮助人们在实验室外增进感情，并且在加利福尼亚大学圣地亚哥分校对其进行了测试。这个实验鼓励一对完全陌生的人完成一些充满爱意的任务：轻轻拥抱彼此，与对方呼吸同步，充满渴望地凝视对方，陷入彼此的臂弯，互相接近但避免彼此触摸等等（爱泼斯坦称，最后一项练习经常会使参与者亲吻起来）。

爱泼斯坦让这些爱的实验的参与者在实验前后分别评价他们对彼此

感觉的亲密度。结果显示，实验结束后，人们感到彼此更具吸引力，在感情上更加亲近。

这一结果听起来颇为振奋人心。这种爱的方法能够帮助那些寻求真爱的人吗？是找到问题答案的时候了。

开始全新的生活

很难结束一段旧恋情？让"表现"原理来帮助你。

新加坡国立大学商学院的研究员李修平让 80 个人写下自己最近做过的感到后悔的一件事，然后让其中一些人把自己写下的东西交给实验人员，另一些人把写下的东西封在一个信封里。比起把自己的经历交给实验人员的人，那些将自己的经历封在信封里的人后来感觉好得多，通过这一行为，他们表现得好像已经在心理上不再纠结于过去的事情，开始关注新的生活。

下一次你想结束旧恋情，就在一页纸上简单写明上一段恋情中发生了什么，撕下上一页，然后将它封在信封里，与过去吻别。

如果你真的想找点乐子，那就找根火柴，把那个信封烧个一干二净。

在一页白纸上写下你过去的恋情，撕掉它，将碎片封在信封里，与过去吻别。

快速爱情实验

快速约会通常是一个重复无聊的过程，人们整个晚上一次又一次重复谈论同样的话题。因此，我想知道"表现"原理是否能够用来创造一种更加有趣高效的快速约会模式。

首先，我在爱丁堡市中心租用了一个富丽堂皇的乔治亚风格舞厅，并打广告，招募愿意参与到一项针对"勾引"问题研究中来的单身男女。我分别邀请了 20 对男女来到我的爱情实验室。

活动开始前，我们在桌上摆好蜡烛，调暗灯光，放起浪漫的歌曲，将屋子布置好。实验参与者到来后，他们在一张长桌前就座，男士在桌子一侧，女士在另一侧。我们给每位男女发了一本《爱之书》，其中包含了当晚活动的指南。

大家都坐定后，活动开始。第一轮，每个人都要和桌子对面的人聊天，了解对方的姓名和基本信息。然后我们给每个人都分发了一张空白卡片纸和一支马克笔，让每个人都为自己聊天的对象制作一张标牌。这张标牌需要包含此人的姓名和其他一些有趣的信息。最后，双方交换为彼此制作的标牌。爱侣之间经常为彼此制作或互换小礼物，这一活动旨在让实验参与者表现得像他们被对方吸引了一样。

第一轮结束后，每个人都要勾选他们是否想要与刚才交谈的对象再次见面。然后，女士们换座位，人们开始与下一位异性交谈并且完成第二轮活动。这一过程持续了整个晚上，每一轮活动中，人们都要与不同的异性进行不同的活动：对视、牵手、分享秘密、合作完成一项简单的任务等等。

制作爱情手册

　　以下是快速约会实验当晚最成功的爱情游戏。稍稍创新一下，它们在现实生活中也能够用来提升情侣间爱的感应。

游戏 1. 心电感应（眼神接触）

　　你和你的搭档分别在以下位置画一幅简单的画。注意，不要让对方看到。

　　然后，注视对方 45 秒，试着将刚才所画的图像通过心灵感应传递给对方，并且"接收"对方所画的图像。在以下位置画出你认为对方刚才试着传达给你的图像。

最后，比较这两幅画。讨论一下它们是否吻合，为什么你会画这幅画，为什么对方会画那幅画。

游戏 2. 说出秘密（分享心事）

和你的搭档一起讨论以下五个问题：

1. 列出你们一直想做但没做的事情，并说说你们没有去做的原因。

2. 想象你的房子或公寓着火了，而你只能拿走一样东西。你会拿走什么呢？

3. 现在的你会给十岁时的自己什么建议呢？

4. 你最喜欢自己生活的哪个方面？

5. 上次你笑着哭泣是什么时候？

游戏 3. 知你知我（性格探索）

依次回答以下五个问题：

1. 如果你有超能力，你想变成什么？

2. 你最想和哪个名人共进晚餐？

3. 如果你能穿越回古代，你想回到哪个年代？

4. 如果你能拥有世界上任何一份工作，你想做什么工作？

5. 如果明天你买的彩票中奖，你会怎么花这笔钱？

所有人都感到在快速约会中互相对视、讨论心中的秘密非常有趣，但是这能帮助他们增进对彼此的爱意吗？几年来我还组织了几次常规的快速约会，其中约会双方同时勾选"是的，我想再见一下这个人"的比例差不多是20%。当我在快速约会中应用了"表现"原理后，成功率提升到了45%。人们只需要花点时间表现得好像被对方吸引，就有可能真正地爱上对方，因为这一过程中，人们总会试图隐藏消极的情绪，避免自己的公共形象受损。

那天晚上开始之前，利亚恩和尼克是单身，当他们配对后，一起参与到一项"看手相"的游戏中来。这一游戏旨在促使他们谈论自己的生活，并且在可接受的范围内触碰彼此，以此增进相处的乐趣。游戏中，他们有很多眼神接触，并且很开心自己能有理由握着彼此的手。他们在游戏过后的交谈中，发现双方有很多共同点，这让他们开心不已。

此后，他们分别表示愿意和对方再次见面，因此我帮他们通过电子邮件的方式取得了联系。他们在快速约会的下一周就安排了在咖啡馆见面。一切都很顺利，因此，他们从一起喝咖啡到一起吃晚饭发展到一起饭后喝一杯。几天后，他们又约会了一次，发现已经爱上了彼此。现在他们仍深爱着对方。

很明显，"表现"原理能够帮助人们爱上彼此。但是，这一原理能帮助人们从此幸福地生活在一起吗？

看手相的魔力

　　你是不是单身，并且想用"假想"原理帮助自己提升爱情运势呢？或者说也许你想重新让你与你的伴侣之间充满激情？幸福的情侣手牵着手谈论他们的生活，而这一行为也促使人们认为彼此更具吸引力。

　　撕下后边的手相图，把它放在钱包里或装在包里。如果你是单身，遇到了心仪之人时，问他们是不是想要看看手相；告诉他们这不一定会准，但一定会很有趣。如果他们同意，就拿出这张纸，让他们手掌向上伸出手来。如果你不是单身，那么就告诉你的伴侣，你最近突然拥有了一种神奇的第六感，并让他伸出手来。

　　总之，用一只手轻轻托住对方的手，另一只手轻轻抚摸他们手掌上的纹路，在下图信息的帮助下给他们"看手相"。你要尽量让解读手相的过程愉快轻松一些，所以，尽量不要看他们的"生命线"，不要显示出忧虑，也不能说"我很遗憾"之类的话。此外，尽量让对方更多地谈论自己，注意发现你们的相似之处。最后，找个时机告诉他们，其实并没有什么所谓的"看手相"，你只不过是说着玩的。

　　为了帮助你更好地掌握看手相的技巧，下图中有十个提示，其中每个提示的意思列举如下：

1. 这条纹路显示你童年生活幸福美好，并且小的时候你有一个特别喜欢的玩具……

2.（在看完这条手纹后）过去几年你经历了一些起伏，对吗？

3. 这条漂亮的纹路显示你具有非凡的创造力，但是你总感觉有什么东西在阻碍你……

4. 哇，你的"智慧线"很厉害。你是一个能够独立思考的人……你并不会仅仅只是赞同别人的观点，而是会自己找出真相……但你同时也相信直觉。

5. 你能把手抬高点吗？看这条纹路，它表明你不喜欢别人告诉你该去怎么做，而且也不惧权威。

6. 这条线很有意思，它告诉我，你是一个很容易厌倦的人……所以，这就是为何你现在脸上流露倦意吧！

7. 嗯……这条纹路指出你现在正在担心一些自己控制不了的情况，有时你在生活中会受到别人的怀疑，对吗？

8. 你的"想象力线"很厉害，说明你喜欢做"白日梦"，经常会在无聊的谈话中走神。

9. 哦，你知道吗……这条纹路显示你是一个诚实、值得信赖的人。

10. 总体来说，你的未来很光明。我能看到你以后会安定下来，与你的爱人一起过着幸福的生活。你的爱人……（在这里插入对你自己的描述）。

手相：简易指南

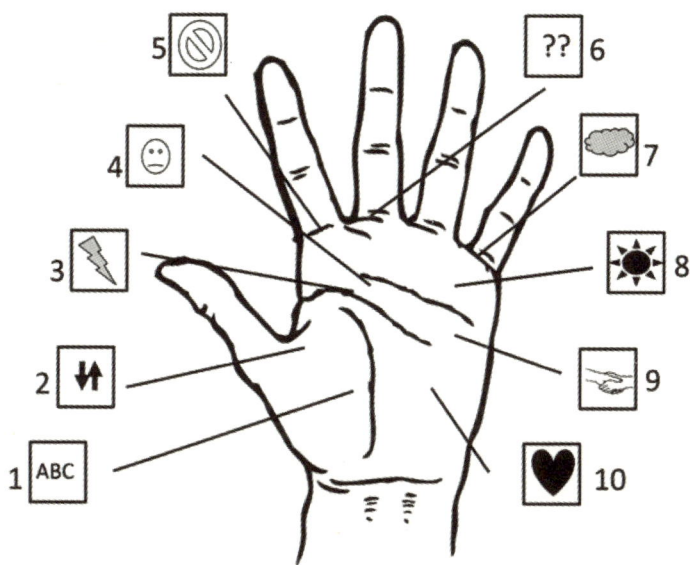

打造幸福的结局

当人们刚刚陷入爱河时，他们经常一起出去约会，他们愿意一起做任何事情，尝试许多令人兴奋的新鲜事物。然而，随着时间的流逝，恋人们很容易被日常琐事牵绊。他们发现自己一次又一次来到同样的地方、进行同样的对话，然后开始厌倦彼此的陪伴。事实上，几个实验证明，厌倦是婚姻不幸的主要原因。心理学家亚瑟·阿兰（做了晃桥、眼罩、吸管实验的那个人）想知道，如果让相爱多年的情侣们表现得仿佛生活又充满了乐趣一般，会不会使他们重新感到对彼此充满了爱意。

阿兰招募了五十对平均婚龄十四年的已婚夫妇，劝他们加入一个为期十周的实验。他给了每个人一张活动列表，让他们标出自己对每一个活动项目的感觉：这些活动是否有趣、是否刺激。然后，他将这五十对情侣分为两组，让其中一组每周用半个小时的时间做一项他们认为有趣的活动，另一组则用同样的时间做一项他们认为刺激的活动。

实验结束后，阿兰让每个人给自己的婚姻幸福指数打分。比起那些一起做有趣的活动（如看电影、出去吃饭、看望朋友等）的夫妇，那些一起做刺激的活动（如滑雪、徒步、跳舞、听演唱会等）的夫妇在婚姻中感到更加幸福。

这个实验的结果显示，长期维系爱情的关键，在于情侣之间应尽量避免受到熟悉事物的诱惑。相反，他们应该一起给生活找点乐子、添点刺激。通过表现得好像进行过一次令人振奋的约会，他们可以将时针倒拨，轻松找回相爱的感觉。

如何收获爱

　　这一练习旨在帮助情侣找回最初在一起时的激情。你和你的情侣首先要分别完成练习的第一部分。

第一部分：看看下面的活动，圈出你认为刺激的活动。

乡间散步　　　　　　　　看演唱会

做运动　　　　　　　　　计划一场旅行或一个假期

购物　　　　　　　　　　去海边玩

进行艺术创作　　　　　　重新布置或装饰屋子

看体育比赛　　　　　　　尝试新餐馆

听讲座或演讲　　　　　　野营、徒步、划船

请朋友来家中吃饭　　　　冲浪

跳舞　　　　　　　　　　逛集市或逛动物园

吃大餐　　　　　　　　　放风筝

自驾游　　　　　　　　　　赌马

在游乐场的旋木上接吻

在地图上随意指一个地方，去那里旅行

在酒吧玩游戏　　　　　　　学一点高尔夫球技巧

划独木舟　　　　　　　　　学习跳水

露营　　　　　　　　　　　乘坐水上快艇

火车旅行　　　　　　　　　写情书

按摩　　　　　　　　　　　去健身房

计划买个大件　　　　　　　参观博物馆或艺术馆

看电影　　　　　　　　　　坐过山车

玩真人 CS　　　　　　　　　单车骑行

与海豚一起游泳　　　　　　跳伞

然后列出你觉得刺激的其他活动：

活动 1：_____

活动 2：_____

第二部分：与你的伴侣坐在一起，看看你们第一部分的结果。找出六个你们都认为很刺激的活动，将其写在下面的空格里。

20世纪70年代早期，卢克·莱恩哈特出版了一本名为《掷骰子的人》的小说。小说讲述了一名精神病医生通过掷骰子做重大决定的故事。现在该你做掷骰子的人了！找一个骰子，通过掷骰子的结果选出相应的活动。你们一定要在未来两周完成这些活动，然后每两周重复一次。

掷骰子的人：

1. _____

2. _____

3. _____

4. _____

5. _____

6. _____

几个世纪以来，科学家们努力寻找爱情之谜的真相。一些传统理论指出，爱情使人心跳加速，促使人长时间注视爱人的眼睛。"表现"原理则显示，事实正好相反：表现得好像你恋爱了会帮助你燃起心中的爱火；鼓励陌生人牵手、触脚调情，他们会突然感受到增强的爱意；让相恋多年的恋人重现最初约会的刺激，他们会突然再次发现彼此无法阻挡的魅力。这一简单但重要的原理可以帮助人们找到真爱，并且此后幸福地生活在一起。

并不是爱改变了一切。相反，改变你的行为，你就能创造爱，并收获这种古往今来最令人向往的情感。

第三章

对抗负面情绪，获得心理健康

如何更好地对抗恐惧、焦虑、抑郁……抑制负面情绪，获得内心的宁静……

"行动是绝望的唯一解药。"
——琼·贝兹

1. 身体活动对情绪的影响

当你读这本书的时候，世界各地千百万人正在遭受着心理问题的困扰：有人无理由地感到恐惧，有人感到极度焦虑，有人感到心情抑郁……一个多世纪以来，科学家与心理学家们尝试治愈这些问题。他们采取了不同的方法，包括药物治疗、脑部手术、谈话治疗等。那么，"表现"原理能不能帮助人们摆脱心理问题的困扰呢？

威廉·詹姆斯首先在他的一篇名为《什么是情绪？》的论文中概要介绍了这一革命性的理论。在文章的结尾，詹姆斯分析道：如果行为创造了情绪，那么那些全身瘫痪的人应该感受不到情绪。但同时，他也意识到，由于很难界定全身瘫痪者的情绪世界，因此相关的实验操作起来会非常棘手。詹姆斯的论文发表八十年后，实验人员终于想出了一个好办法来完成这一实验，并且以此为后来人找到治疗疼痛、恐惧、焦虑和抑郁的新方法奠定了基础。

要想真正了解这个实验的精妙之处，我们需要先了解自己的身体。请相信，你的存在是一个奇迹！没错，因为就在现在，千百万电脉冲正在你身体中的神经通道里嗖嗖飞过，这一神经系统从头到脚覆盖你的整个身体。

该神经通道的一条线路将信息从你身体的感官感受器传递到大脑。当你正在读这句话时，你的感官感受器正在努力工作。当你坐着时，你腿上和臀部的感官感受器会持续向大脑输送信号：我正承受着上半身重量的压迫。当你翻页时，你指尖的感官感受器会将它们的动作信息传达给大脑。膀胱和消化系统也通过相同的方式告诉你的大脑：你是否需要上厕所或者吃点东西。同样，千百万人体纤维不停地将你眼睛看到的信息传送给大脑，现在它们也正兴奋地忙碌着，将书页上的文字形状转化为语言。

该神经通道的另一条线路则恰恰相反，是将大脑中形成的信号传递给身体。如果你现在正在坐着，那么电脉冲会持续向身体主要肌肉器官发送信号，以确保你在凳子上保持平衡。当你翻页或者按"下一页"键时，来自大脑的信号控制你的手掌和手指完成这些精细的动作。当你的大脑感到兴奋时，它会发出信号令你心跳加速、呼吸变快。当你在读这些文字时，大脑会发出信号，快速扫过此页上的每一行，并为自己刚刚漏看了这句话中的两个字而感到小小的懊恼。

这一神经通道始于大脑内部，沿脊椎而下，并且其中有许多神经枢纽以确保信息可以在身体各部分和大脑间迅速互相传递。脊椎底端的神经枢纽负责人体腿部和脚部信息的传递，神经通道中部的神经枢纽负责人体的胳膊和手部，脊椎顶端的神经枢纽负责人体的面部和眼睛。同样，膀胱的信息从脊椎底端传递到神经通路中来，消化系统的信息则从稍微上面一点的地方传递到神经通路中去，而心脏则是受到来自于脊椎顶部神经枢纽的信号的控制。

如果这一整套复杂的、连接紧密的信号系统突然不再发挥作用，你体内的多个器官就会衰竭，你也会立刻死亡。然而，好消息是，对于大部分人来说，他们的神经系统运作非常正常。你生命中的每时每刻，信息都会在神经通道及其位于人体和大脑中的支路上迅速传递，帮助你观察了解周围的环境、采取行动、好好活着。不仅如此，整个神经系统已经进化到了一个比较高级的阶段，可以在超越人类意识控制的情况下运作，因此你可以将精力投注于生活中一些美好的东西，比如欣赏伟大的艺术品、理解科学的进步，或者说是在周末找到一个水管工为你解决家中的燃眉之急。

20世纪60年代中期，心理学家乔治·奥曼在亚利桑那州退伍军人管理医院工作。他的病人多患有下身麻痹症，他在工作的过程中意识到，病人们为他提供了很好的机会来验证詹姆斯"丧失活动能力会妨碍情绪的产生"这一预言。他的许多病人由于脊髓受伤而瘫痪，其中脊髓受伤程度的不同，直接导致了他们身体活动能力丧失情况的不同。比方说，脊柱底端受伤会使人体神经通路的下半段功能丧失，因此导致人的双腿失去知觉以及行动能力。相反，脊柱上端受伤会导致神经通路更大一部分的功能丧失，因此导致双腿和双臂失去知觉以及行动能力。奥曼认为，如果詹姆斯的假说是正确的，那么脊柱受伤部位越往上（因此身体更大一部分不能活动）的人的情绪感受能力丧失得就越多。

奥曼找到了一些脊柱不同部位受伤的病人，并对他们就情绪问题进行了采访。

在实验中，他让病人们比较自己在受伤前后感到恐惧的频率。脊柱底端受伤的病人感觉情况没有什么变化，而脊柱上端受伤的人说他们在生病后感到自己不再恐惧了。病人们的反馈很好地加深了我们对无情绪生活的认识，其中一个不再感到恐惧的病人说道："有时，面对不公平现象我会表现得很生气，我会叫喊、骂人、大吼大闹，因为我知道有时候如果不那么做的话别人会占我的便宜。但是，我就是无法像从前那样感受到怒火中烧的感觉。那是一种精神上的生气。"

当奥曼问病人他们对其他情绪（比如悲伤）的感觉时，反馈情况也是相同的：脊柱受伤的位置越高，人们越没法活动，同时也越少感受到情绪。

奥曼的发现是对詹姆斯天才假说的致敬，证明了身体活动对于人情绪感受的重要影响。正如詹姆斯80多年前预计的一样，脊柱受伤位置越高，人们的情绪感受能力下降越快。

近来，许多其他研究人员想要研究是否詹姆斯的理论同样适用于人的面部表情。那些面部不能做动作的人是否也会遭遇情绪感受能力下降这一问题？研究者们原本需要花费几年的时间才能找到不同程度的面瘫患者，然后测试他们的情绪感受能力。但是，他们找到一条捷径来解决这个问题，省去了大量的时间和精力：他们对一些自愿使自己面部变瘫的人进行了实验。

肉毒杆菌（在学术圈被称作"肉毒杆菌毒素"）注射是世界上最流行

的整容术之一。它可以麻痹引起肌肉收缩的面部神经，因此研发之初是用来治疗面部痉挛的。而在 20 世纪 90 年代早期，实验人员发现将其注射在两眼间的皱纹中可以使额头部分麻痹，因此能有效地减少皱纹。尽管注射肉毒杆菌可以使人看上去年轻得多，但是它也可以使人表情减少且面部僵硬。

哥伦比亚大学巴纳德学院的乔舒亚·伊恩·戴维斯及其同事认为：肉毒杆菌注射没准儿可以用来验证詹姆斯的理论。因此他们招募了两组女性志愿者。其中一组为此实验注射了肉毒杆菌，而另一组志愿者则做出了不同的选择：在额头注射一种"填充物"。这两个不同的方法都旨在帮助人们拥有更年轻的面容，但是只有肉毒素会使面部肌肉瘫痪。戴维斯让这些女士观看了几个视频片段，其中包括一个男人生吃昆虫的恐怖片段、一段美国某著名搞笑节目的节选以及一段介绍美国著名画家杰克逊·波洛克的纪录片。观看完每个视频片段后，她们都要给自己的情绪状况打分。结果显示，相比于那些注射填充物的女士，注射肉毒杆菌的女士们情绪反应更小。由此证明詹姆斯是正确的，身体活动能力（在这里指的是面部表情）的丧失会导致情绪感受能力的丧失。

脊柱受伤的病人们以及注射肉毒杆菌的女士们很明确地告诉我们：抑制人类的行为或面部表情可以使他们免于感受到某种情绪。不好的是，这些人感受不到快乐、高兴等积极的情绪；但是，好的一面在于，他们也不会感受到愤怒、焦虑等消极的情绪。研究人员想要知道，是否可以以此防止人类不好情绪的产生。就此他们展开了研究。

2. 消除疼痛、愤怒和焦虑

20 世纪 70 年代，英国的彼得·布朗医生在中国参观了一家儿童医院，观察那里的医生如何进行扁桃腺切除手术。他被自己的所见深深震惊。

在西方国家，进行过扁桃腺切除手术的患者往往反映：他们在手术中感到非常疼痛。但是，在中国，情况却截然相反。布朗说，他看到一群五岁的孩子笑眯眯地在诊室外边排成一排，等候手术。护士们会先给他们喷射喉部快速麻醉剂，然后将他们带到诊室。一进屋，依然微笑着的孩子爬到桌子上，张开嘴巴。只需几秒钟的时间，医生就切除了他们的扁桃腺，并将其放进一个水桶里。然后，孩子若无其事地自己走到旁边的恢复室里进行休息恢复。

东西方国家人民在扁桃腺切除手术中感受到的疼痛或不适感程度千差万别，这向我们显示了疼痛感因人而异的主观性。这不是一个个例。即使是做同样的手术、经历同样的事件、患同样的疾病、遭遇同样的意外，不同的人也往往会感觉到不同程度的疼痛。为什么会这样呢？根据"表现"原理，这很大程度上可以归因于人们不同的行为表现方式。

在如今的一些社会心理学实验中，实验人员告诉实验参与者，他们会对另一个人实施电击。然而，事实上，这个电击对人体是没有危害的，并且另一个人也是一个托儿。然而，在大学道德委员会诞生之前（许多心理学家都不无留恋地将那段时光称为"过去的好日子"），在一些实验中，实验人员真的会对实验参与者进行真实、疼痛的电击。

达特茅斯大学的约翰·兰泽塔及其同事就做过类似的实验。兰泽塔每次请一名志愿者来到实验室，将其与两台机器连接。首先，实验人员会将电极安在志愿者的腿上和左手上，接着将电线接入电击发射器。然后，实验人员将汗水传感器安在志愿者的右手手心，以持续观测其紧张程度。当电击设备和压力感应设备都调试好后，实验人员离开实验室，来到隔壁房间。

实验人员可以通过实验室中的闭路电视观察实验参与者的行为，并与其对话。他们告诉实验参与者，他会接收到一系列不同强度的电击，每次电击后他们通过喊出从1（"没什么感觉"）到100（"等你们再回到这个实验室时，看我怎么收拾你们"）不同的数字来表示自己的疼痛程度。然后，实验人员对其进行20次电击，并仔细记录实验参与者喊出的每一个数字。

过了一会儿后，兰泽塔宣布说还有第二轮电击，但是这一次实验参与者要尽量掩饰自己的感觉。他要每一个志愿者都表现出坚强的一面，不做情绪化的表情，不大喊大叫，尽量表现得轻松一些。然后，又一轮20次电击，并且每一次电击后实验参与者都喊出自己感受到的疼痛度。

实验结果相当显著：当实验参与者们表现得坚强、自在时，他们感受到的疼痛度也会低不少；不仅如此，根据汗水传感器传递的数据显示，他们实际上也不那么紧张了。多年来，这个实验重复了许多次，但是实验结果都是一样的。

这一实验结果帮助我们解释了中国的孩子在扁桃腺切除手术中为何表现得那么镇定。彼得·布朗访问中国时，中国儿童接受的教育引导他们以积极的态度看待手术。所以说他们往往能够微笑着、更轻松地接受手术治疗。

同时，这一实验结果也解释了其他一些有趣的相关现象。比如说，如果人们将眼睛移开，不看刀口或者注射的过程，他们在小手术中感受到的疼痛度会降低。如此，他们就不会摆出痛苦的表情或整个人紧张起来，因此也就不会感到那么不舒服。同样的道理也适用于其他一些通过转移注意力减轻疼痛的方法，如图像法、催眠法和放松法。每一次，当人们表现得好像没有任何不适的时候，他们实际上感受到的疼痛也会减少。

受到这一实验的启示，研究人员开始研究：当人们表现得强壮有力时，是否感受到的疼痛程度也会降低。东京大学的瓦妮莎·伯恩斯及其同事告诉实验志愿者，他们正在参与一项关于工作场合中运动对健康的影响的研究。一些志愿者挺起胸脯、张开手臂，做出能体现控制力和力量的动作；而另一些志愿者则蜷缩身体，显得非常无力。然后，实验人员在每个志愿者的胳膊上绑上止血带，并且慢慢地将其收紧。止血带会使人胳膊上的血流渐渐减少，因此人们会感到越来越痛。当实验参与者忍受不了这种疼痛时，他们就要跟实验人员说明。很明显，比起那些蜷缩成团的志愿者，那些摆出有力姿势的志愿者对止血带的忍耐力大得多。实验证明，表现得强壮有力能帮助人们赶走不好的情绪，而抬起下巴确实能够让人鼓起勇气。

关于"表现"原理与痛感的早期实验促使研究人员进一步研究：是否同样的理念也可以帮助人们减少不好的情绪。比如说，它能不能帮助勃然大怒的人迅速止怒？

生气和引发生气的举动

生气对人不好。它会让你做傻事、胡乱冒险、说出很快就会后悔的话，并且容易引发暴力行为（美国的大部分凶杀案件归因于，或至少部分归因于愤怒）。同时，生气对你周围的人也不好。它还会让你的人生处于糟糕的频率上，把你拖入困境。心理学家马汀·塞利格曼利用五年的时间追踪研究了 400 个儿童的生活，并特别关注了那些父母长期吵架的家庭。研究结果显示，家庭环境恶劣的孩子长大后更容易得抑郁症。

那么，如何控制你内心的愤怒呢？为了找到问题的答案，我们得回到 19 世纪末，看看某世界知名的心理学家是怎么做的。

让-马丁·沙尔科被人们誉为"精神症王子"。他是法国的一名临床医生，也是一个引人注目、魅力非凡的演讲者，为现代神经学的发展铺平了道路，目前世界上有15种疾病以他的名字命名。并且，他还进行过针对多发性硬化症和帕金森氏症的开创性研究。除了以上卓越的成就，沙尔科更是以其对人类潜意识的探索闻名世界。

沙尔科对人类大脑的神秘世界非常感兴趣。为了进行相关研究，他经常会和巴黎精神病院的患者们待在一起，进行针对潜意识的各种稀奇古怪的探索。其中很多实验是在他给其他医务工作者讲课时进行的。1887 年，法国艺术家安德烈·布鲁耶去听了几堂沙尔科的课，并画下了这位神经症王子上课时的形象。沙尔科站在画布的右边，身着得体的黑西装。左边有差不多三十个人，他们正在聚精会神地听沙尔科讲课并做笔记。沙尔科的左臂揽着一位失去知觉的女士。

画中的女士是沙尔科催眠术中最有名的一位合作者——布兰切·惠特曼女士。据当时的历史学家记载，惠特曼"身体高大健壮"并且"胸部丰满"。她患过几次歇斯底里症，经常会小便失禁，并且承认与自己的老板发生过性关系，后来住进了精神病院。在讲课过程中，沙尔科会先将惠特曼催眠，然后让她做出一系列奇怪的举动：变得精神紧张，用头顶和脚尖保持平衡并摆出奇怪的弓形姿势，倒着写字，在皮肤上刮出某些词语……沙尔科称，这些行为是惠特曼潜意识的表现，通过它们可以探索大脑深处的运作方法。在每堂课结束时，沙尔科会按压惠特曼的"卵巢区域"，帮助她从催眠中清醒过来，"瞳孔大张"着回到现实生活中来。

　　沙尔科探索人类心理的戏剧性方法很快成为街头巷尾谈论的焦点。来自欧洲各地的学者都纷纷赶来听他的课。1885 年，29 岁的奥地利精神病医师西格蒙得·弗洛伊德看了一次沙尔科的演示。此前，弗洛伊德投身医学事业，进行过许多实验研究，在其中一个实验中，他解剖了几百条鳗鱼以研究它们的生殖器官，但是没有成功。在看到沙尔科将几位年轻女病人催眠后，弗洛伊德相信，潜意识是造成许多心理问题的重要因素。

　　弗洛伊德吃了许多可卡因，几乎烟不离口，孜孜研究，最终创立了一个新的心理学流派——精神分析法。根据他的理论，人们倾向于将不好的想法从意识中赶走，赶到潜意识中去。一旦进入潜意识，那些不好的想法消失了，转化成为精神能量。当人们积累了足够多的精神能量时，那些想法开始通过多种不健康的方式影响人的意识，导致人们产生不安感、精神病或焦虑症等。

　　弗洛伊德相信，要保持心理健康，就要在这些压抑的想法爆发之前将它们释放。因此，他尝试发明了一些治疗方法，帮助人们排解自己潜意识中的情绪，一开始他紧密追随沙尔科的步伐，试着给病人催眠。但是这没什么效果，于是他马上放弃了这种方法，转而探索出几种新方法，包括解梦法（解释梦境的象征意义）和自由联想法（治疗师说出一些精心挑选的词语，如"椅子""桌子""性高潮"等，病人说出自己听到此词后脑海中闪过的第一个词语）。弗洛伊德将这些方法应用于自己的潜意识，最后发现在他差不多两岁的时候对自己的母亲产生了性冲动。

弗洛伊德的观点很快传播开来。19世纪末，精神分析法开始在全球范围内得到推广，1909年，他受邀来到马萨诸塞州克拉克大学进行一系列讲座。这是他第一次、也是唯一一次来到美国，他利用这一机会发表了他对心理分析的总的看法。

弗洛伊德访美时，威廉·詹姆斯已经67岁了，并且患有严重的心脏病。尽管身体不好，他还是特地来到克拉克大学听弗洛伊德的讲座。詹姆斯对弗洛伊德的理论不怎么感兴趣，后来他将弗洛伊德解释梦境的方法称为"危险方法"，认为像他那样的伟大的心理分析学家肯定是受到了某种蛊惑并且"沉迷于某些固定观点"。

詹姆斯和弗洛伊德在很多方面都存在不同，比如他们对过度愤怒的起因和治疗的看法就不同。根据弗洛伊德的说法，人们生气是因为他们压抑了自己的想法，如果他们能够以一种安全的方式（比如砸枕头、大喊大叫、跺脚等）释放自己的情感，那会是一种很好的疏导方式。相反，詹姆斯却认为，人们之所以会生气是因为他们表现得很生气，弗洛伊德疏导情绪的治疗方法往往会使人变得更加生气。多年来，心理学家们就此开展多项研究，试图发现他们两个人中究竟谁的观点是正确的。

第一个牵扯进弗洛伊德和詹姆斯之争的是来自新罕布什尔大学的社会学家默里·施特劳斯。20世纪70年代初期，施特劳斯发现对于试图维持关系的情侣，心理学家们给出的建议都遵循了弗洛伊德的理论：他们的大部分建议都来自于"进攻治疗法"，认为情侣之间应该告诉对方自己的想法，不能有所保留。当时的指导手册鼓励情侣们"释放压抑已久的埋怨情绪""让我们彼此开诚布公"，并且鼓励他们咬塑料奶瓶并将其想象成自己的伴侣。

为了搞清楚这种革命性的方式到底是能帮助维持一段感情还是会阻碍一段感情，施特劳斯做了一个简单的研究。根据他的推理，如果情绪疏导法是有效的，那些在语言上互相攻击的情侣就不太可能在身体上对彼此进行攻击。他同时意识到，情侣并不能如实地汇报自己的攻击性行为，因此他找来一些学生，让他们观察他们父母的言语攻击、身体攻击情况。超过300个学生仔细完成了相关问卷，汇报了他们的父母在面对问题时的反应：他们会有效地讨论这个问题吗？他们会彼此恶语相向，甚至是号叫着冲出房间吗？他们会拳脚相加吗？会向彼此扔东西或者进行身体攻击吗？

施特劳斯对调查结果进行了分析，发现了一个明显的现象：情侣间越是恶语相向，他们就越可能发展成拳脚相加。正如詹姆斯预测的那样，大喊大叫并不能疏导情绪，相反会促使人们变得更加愤怒。这一轮，詹姆斯胜！

后来还有一些在工作场所进行的研究。加利福尼亚大学圣地亚哥分校的埃博·埃布森及其同事发现当地的一家工程企业将要进行大规模裁员。工人们当然有理由对此感到愤怒：企业向他们承诺签署三年的工作合同，但是一年后就要解雇他们。埃布森用两种不同的方式采访了一些员工：他们鼓励一组员工谈谈他们对公司做法所感到的愤怒（他们提出这样的问题：你怎么看待企业对你的处理方式？）；然而，对于另一组员工，他们的问题没那么尖锐（你能描述一下公司的科技图书馆吗？）。采访过后，所有的员工都向实验人员反馈了自己对公司的敌意、愤怒度。那些刚才咆哮叫嚷过的员工是不是对公司的敌对情绪更小？答案是否定的。又一次，实验结果证明事实情况恰恰相反。比起那些刚刚描述过公司图书馆的人，那些表达过愤怒情绪的人对公司的敌对情绪要大得多。这一轮，詹姆斯又胜了！

最后，有实验研究了敌对情绪和观看体育赛事之间的关系。人们去看球时，往往会为自己支持的队伍呐喊，并高声诅咒对方队伍。弗洛伊德学说认为像这样的攻击性行为是一种对情绪的疏导，所以说球赛结束后人们会感到敌对情绪降低。然而，詹姆斯理论的支持者则认为，所有的这些大叫大嚷只会让人变得更加愤怒，来自坦普尔大学的杰里夫·戈尔茨坦决定就此做一个实验，看看究竟哪种说法是正确的。

戈尔茨坦组织一批实验人员去看一场重量级的橄榄球比赛。比赛开始前，实验人员在体育馆门前随机采访了一些观众。采访非常简短，其中实验人员向观众询问：他们支持哪个队伍，感觉自己是否具有攻击性？比赛一结束，实验人员再次来到门口，随机采访了退场的观众。

结果显示，不论比赛结果如何，观众在看完球赛后都会感到心中攻击性更强。由于担心观众感到进攻性是因为置身于人群中，或是因为仅仅是观看了一场竞技性赛事，戈尔茨坦又一次召集了他的实验团队，让他们在当地一场体操比赛中进行同样的采访。尽管观看体操比赛的观众也是聚集在一起、观看了竞技性体育赛事，但是他们并没有大喊大叫，赛后也没有感觉到自己格外具有攻击性。实验数据显示，人们看过橄榄球比赛时表现得具有攻击性，并且他们的攻击性表现导致他们赛后感觉敌对情绪高涨。又一次，詹姆斯胜！

如此诱导出来的敌对情绪对社会具有重要的影响。苏格兰格拉斯哥市有两个专业的足球俱乐部。其中凯尔特人俱乐部位于城市的东部，而兰杰斯俱乐部位于城市的西南部，并且在历史上就与新教徒有着千丝万缕的联系。这两个俱乐部之间长期存在激烈的竞争，两方的支持者经常在比赛期间喊出侮辱性、威胁性的口号。2011年，一群为苏格兰警方效力的实验人员比较了双方球队比赛后以及双方球队没比赛时的犯罪率。调查数据相当明显：兰杰斯与凯尔特人比赛时，格拉斯哥的暴力犯罪量是平常的三倍，家庭暴力案件是平常的两倍。

释放怒气的学问

艾奥瓦州立大学的心理学家布拉德·布希曼进行过许多试验，证明如何通过表现得平静而使人迅速止怒。比如说，在其中一项研究中，布希曼让大学生们花20分钟的时间玩一个轻松的或者激烈的游戏。在轻松的游戏中，学生们在安静的海底世界畅游，寻找被掩埋的宝藏；在激烈的游戏中，学生们要尽量派遣更多血腥的僵尸。之后，他们还要玩另一个游戏，对抗一个看不见的对手；如果他们赢了，他们就能大声骂对方。实际上，并没有什么看不见的对手，并且学生们一般都会赢第二场比赛。那些之前在海底安静畅游的人攻击性明显较小，对他们想象中的敌人的咒骂声音更小，并且时间也较短。

布希曼还证明了祈祷具有能令人平静下来的力量。他通过给学生作业差评（"天啊，这是我读过的最差的文章"）故意惹怒一组教会大学的学生。然后他让学生们读一篇新闻报道，其中讲述了一位女性身患某种罕见癌症的遭遇。接下来，他让一些学生花5分钟双手合十为这位女性祈祷；让另一些学生想想这位女士的情况。结果显示，那些祈祷过的人相比起来没有那么生气。可见表现得越轻松、平静，越能使人心态较快平复下来。

此外，在我之前的一本书《59秒》中，我曾经描述过，布希曼用同样的方法惹怒另一批学生。然后，他给其中一些学生每人一副拳击手套，向他们展示所谓对他们的文章提出恶评的老师的照片，让学生们边想着这个人，边击打一个七十磅的沙袋。另一组则是在一个安静的房间里坐了两分钟。实验结果是对弗洛伊德理论的重大打击——打沙袋使人变得更加愤怒，而静坐使人变得心情舒缓下来。

许多帮助人们控制愤怒情绪的课程教人通过表现得咄咄逼人而将心中的怒气释放。这是不对的，并且可能会使情况变得更糟。还有一些其他的方法：让人们找出自己愤怒的深层心理原因，希望通过改变人的思考方式来改变想法。事实上，有一个更加快捷有效的方法可以解决这个问题。要想平静下来，请表现得彬彬有礼，举止平和！就像微笑能使你开心，凝视别人的眼睛能让你感觉到自己爱上了对方，表现得平静也能让你迅速平静下来。

如何让心态平复

那些需要迅速有效控制怒气的人，往往会觉得深呼吸非常有效。深呼吸法需要你将舌头放在上牙齿后部的口腔顶端，然后心中默数五下，用鼻子慢慢呼吸；然后心中默数七下，屏住呼吸；然后默数八下，慢慢通过噘起的嘴唇将气呼出。重复以上过程四遍。

另一个更长效的方法是"渐进式肌肉放松法"。这个方法需要先故意绷紧身体多处肌肉，然后慢慢放松下来。

首先，脱下鞋，脱掉紧身的衣物，在凳子上以舒服的姿势坐下。将精力集中于右脚。轻轻地吸入一口气，将脚部肌肉尽量紧绷五秒钟。然后呼气，释放所有紧张肌肉，使其变得放松、柔软。然后，按照以下顺序对全身各部分肌肉进行练习。

1. 右脚

2. 右边的小腿

3. 整个右腿

4. 左脚

5. 左边的小腿

6. 整个左腿

7. 右手

8. 右前臂

9. 整个右臂

10. 左手

11. 左前臂

12. 整个左臂

13. 腹部

14. 胸部

15. 肩颈

16. 面部

恐惧产生的原理

约翰·布罗德斯·华生改变了整个心理学，并影响了我们现在对人类心理的理解。20世纪初，他就职于约翰霍普金斯大学，不论以怎样的标准衡量，都是一个奇怪并且复杂的人。从外表看来，他待人热情、为人外向、充满自信。但实际上他内心充满了不安全感，喜欢一个人在暗处待着，并且为人冷淡。他就像一个不会和别人打交道的孩子一样，甚至在睡前会与自己的孩子握手而不是亲吻。而且，每当别人试着和他讨论他的情绪问题时，他就会离开房间。

他坚决反对威廉·冯特的反省法，也坚决反对弗洛伊德的精神分析法。他认为人们根本没办法搞清楚心里所想，因此他相信心理学家们应该将注意力转而集中于对行为的观察和衡量上来（这让我们想到一个笑话：两个行为主义者发生性关系时，一个人对另一个人说："你觉得很好，那我感觉怎么样呢？"）。

华生喜欢观察在迷宫里奔跑的老鼠。早期，他曾经仿照伦敦汉普顿宫的中世纪迷宫建造了一个微缩版迷宫，他每次都放一只饥饿的老鼠进去，仔细观察老鼠们如何在其中跑来跑去，寻找他放在迷宫中的食物。在对数百只老鼠进行真实版的"谁动了我的奶酪？"实验后，他发现了老鼠学习的基本规律：它们如何对迷宫进行探索，它们会持续花多少时间来到一个曾经有食物的地方（尽管也许那时食物已经没有了）。

华生确信，实验的结果也适用于人类，而且人的一生其实就像一个迷宫一样。更具争议的是，他认为如果将他在迷宫实验中发现的老鼠的学习规则应用在人类身上，就能够改变人的思想。他曾经如此说过：

> 如果给我一些健康、发育正常的婴儿，让我按照自己的方式将他们养育成人，我保证不论那些婴儿的家人天赋、爱好、秉性、能力、职业、种族如何，我都可以将他们中的任意一个训练成任何一方面的专家——医生、律师、艺术家、大商人，或者乞丐、小偷。

华生对人行为的关注很快传播开来，不久，世界各地的研究人员们开始在越来越复杂的迷宫中对越来越多的老鼠进行实验，以至于引发了如此的评论："心理学研究一开始痴迷于达尔文理论，现在又被华生迷得晕头转向。"

行为主义者们也将自己的事业版图从认知规律扩展到了心理学的其他领域。其中，华生对恐惧症的原因和治疗方法表现出了极大的兴趣，他急于提出一种区别于弗洛伊德伪科学学说的新理论。

弗洛伊德鼓励自己的追随者偷偷观察自己孩子的性生活，以此帮助发展精神分析学理论。1904 年，他最亲密的同事向他汇报说，他五岁的儿子"小汉斯"对马产生了一种特别的恐惧，认为这也许是一个有意思的研究案例。弗洛伊德同意了他的看法，并开始研究导致小汉斯恐惧的原因。汉斯的父亲一开始认为自己的儿子之所以对马产生恐惧，是因为他在母亲抱他时产生了过度的性兴奋，并且小汉斯被马的巨大的生殖器吓到了。弗洛伊德对此并不赞同。相反，他注意到小汉斯说他曾经做过一个关于长颈鹿的梦，而长颈鹿的长脖子是成年男性生殖器的象征。经过反复研究，弗洛伊德在一篇名为《对一个五岁小男孩恐惧症的分析》的文章中阐述了自己的想法，认为小汉斯的恐惧是由多种原因造成的：对性冲动的压抑以及对发泄行为的矛盾心理。

弗洛伊德对小汉斯的所谓内在情绪波动的研究令华生深感震惊。这促使华生下定决心，一定要找到一个更实际的理论来解释恐惧症。

华生的研究方法深受苏联研究者伊万·巴甫洛夫的影响。在华生开始迷宫老鼠实验前几年，巴甫洛夫观察了铃声对于狗的影响。他曾经做过一系列堪称经典的研究。他先摇铃，然后给狗一碗食物。毫不意外，狗一看到食物就开始分泌唾液。在如此几轮"铃声—食物"的试验后，巴甫洛夫发现，后来，仅仅摇铃就能使狗分泌唾液了。他由此得出结论，大脑精于学习事物之间的联系（被业界称为"经典条件反射"）。

巴甫洛夫这一简单但卓著的发现有其实际应用价值。比如说，在一个实验中，动物研究者们在死去的羊身上混入可以令狼呕吐的毒药，然后把羊放在野外。正如巴甫洛夫的实验中，与食物组合后的铃声能令狗分泌唾液，那些抹上毒药的羊使得狼后来每次见到羊都会感到恶心。因此，后来该地狼吃羊事件的发生概率也急剧下降。

华生想要知道，同样的原理是否也能适用于恐惧症。他推论，也许人们之所以对某种事物感到恐惧，仅仅是因为那些事物与一个能诱使人做出恐惧反应的其他事物联系在了一起。

为了找出问题的答案，华生追随弗洛伊德的脚步，对毫无戒备之心的婴儿进行了研究。1919 年，他与一个名叫罗莎莉·雷纳的学生一起，对一个被称作"阿尔伯特·B"的 11 个月大的小男孩进行了实验。华生推测，如果阿尔伯特能表现得仿佛对某种东西感到害怕，他很快就会对那个东西产生条件反射，并对其产生恐惧。也许是受到了迷宫实验的影响，华生决定要让阿尔伯特害怕老鼠。

实验开始前，他首先要确定阿尔伯特之前并不害怕老鼠。因此，他向阿尔伯特展示了很多长得像老鼠的东西，如兔子、猴子以及其他一些毛绒面具。对此，无畏的阿尔伯特没有任何反应。然后，勇敢的实验人员想要让他把老鼠和其他一个可以令他表现出恐惧的东西联系起来。华生知道，孩子们听到很大的声音会被吓到，因此他买来了一根很大的钢条和一把锤子。

然后，华生和雷纳将一只白老鼠放在离阿尔伯特很近的地方，每当小阿尔伯特碰这只老鼠时，他们就使出全身力气用锤子击打钢条。正如计划中的那样，巨响使阿尔伯特哭了起来。几次"老鼠—巨响"试验后，华生不再用锤子发出巨响，而只是给阿尔伯特看老鼠。正如巴甫洛夫的狗仅仅听到铃声就会分泌唾液的实验一样，阿尔伯特一看到老鼠就变得非常痛苦。如此，华生创造了一个恐惧症案例。

两个月后，华生和雷纳又去看望阿尔伯特，发现他还是一看到老鼠就害怕。不仅如此，他的恐惧还延伸到了其他毛茸茸的东西，比如说狗、海豹皮外套，以及戴着圣诞老人面具的华生。

同样的原理能否解释小汉斯对马的恐惧呢？在说到小汉斯的恐惧时，他的爸爸曾经说过，汉斯有一次在公园里看到一匹拉货的马跌倒，被由此产生的马蹄撞击鹅卵石路面的声音吓了一大跳。

我们并不知道实验结束后小阿尔伯特身上会发生什么。不过华生曾经开玩笑说当他长大一点后，弗洛伊德学派的分析者们没准儿会告诉他，他对毛绒物品的恐惧源于三岁时迷恋母亲身体时被斥责的经历。与此相反，我们知道弗洛伊德那毫无戒心的研究对象"小汉斯"的后况。"小汉斯"其实是赫伯特·格雷夫的假名，后来他成为著名的歌剧制作人，以其对瓦格纳《尼伯龙根的指环》一剧极富创新性的改编闻名于世。在那部歌剧中，主人公的马被替换为一只脖子特别长的长颈鹿。

对阿尔伯特的实验很大程度上影响了华生的个人生活。研究过程中，当时已婚的华生与雷纳发生了婚外情。当华生的妻子得知此事后，提出了离婚诉讼；约翰霍普金斯大学的校长得知此事后，要求华生辞职。华生离开了自己的学术事业，转而去一家大型广告公司就职，利用他对人类行为学的知识销售脱色剂、婴儿爽身粉和香烟等。他在商业上最成功的案例就是他在为麦斯威尔咖啡做广告时将"喝咖啡的休息时间"这一理念引入美国人的生活。

一旦心理学家们懂得了恐惧症产生的原理，他们很快就加深了对恐惧症的认识，并且发现根除恐惧其实相当简单。

人的焦虑序列

最有效的根除恐惧症的方法由南非心理学家约瑟夫·沃尔普提出，被称作"系统性不敏感化"。根据这一方法，人们先要学会如何放松。然后，他们要建立一种"焦虑序列"，从不是很令人害怕的场景到引起极度恐惧的情形。比如说，如果一个人害怕蛇，焦虑序列的一端就是他打开一本书看到一张蛇的图片，而序列的另一端是他要去见的房产经纪人。在第一个阶段，人们要放松下来，然后经历（有时也许是想象）一个不是那么可怕的情形。通过假装自己一点都不感到害怕，很快这个场景就不会再令你产生任何的焦虑感，然后进入焦虑序列的下一个环节，经历一个更为恐怖的情形。

世界上差不多有 10% 的人有不同程度的恐惧症，其中 1% 的人患有严重的恐惧症，对其生活造成了巨大影响。他们可能是会害怕开放的空间、别人的羞辱、鲜血甚至"13"这个数字。通常他们最后都会与心理咨询师探讨他们的恐惧，然后心理咨询师会试图找出恐惧的内在根源。

这其实是浪费时间。从害怕蛇害怕蜘蛛到害怕公共演讲，有一个更快捷有效的方式可以根除我们的恐惧。每次只要改变一点点自己的行为，我们就会慢慢地永远改变自己的心理。

克服恐惧症

帮助人们克服恐惧症的方法通常包括以下几个步骤：

学会放松——请做后文的"平静下来"练习。

建立"焦虑序列"——写下那些能使你感到焦虑、产生恐惧的事情。然后，想想这些事情引发的焦虑程度，从 1（非常低）到 100（非常高）为其打分，并顺次排列起来。比如说，如果你害怕坐飞机的话，你的焦虑序列应该是：打包行李、预订机票、开车到机场、检票、登机、飞机滑行、飞机升到巡航高度、在机舱里走动、遭遇气流、飞机降落、飞机失事。

配对过程——最后，先放松下来，然后尽可能长时间地体验你焦虑序列中的第一项事件（如果不能体验的话，就想象你正在经历该事件）。体验或者想象过后，以 0 ~ 100 为自己的焦虑度打分。然后重复这个过程，直到焦虑指数降到 10 分以下。成功后，开始序列中后一个事件的练习。每一次练习差不多 30 分钟。

按下"恐慌"键

差不多有 5% 的人经历过恐慌症发作。恐慌的症状非常明显，也非常难受。没有任何预兆，人们开始感觉胸闷、出汗、呼吸急促并感到头晕。这时，他们往往以为自己就要失去知觉、甚至要死亡了。恐慌症的发作一般会持续 10 分钟，过差不多 1 个小时之后症状才会完全消失。

许多医生和心理分析家曾经试图通过药物治疗或者通过与他们谈论童年经历来治疗恐慌症。但是，其实恐慌症的起因没有那么复杂，而且治疗恐慌症有一种更加快捷有效的方法。

前一章里我曾经提到过斯坦利·斯坎特的实验。实验显示，经历一种情绪往往涉及两个步骤。首先，要有一个事件或一个想法使你的身体做出反应。也许，听到枪响后，你的手心立马冒汗了。或者在派对上看到一个极富吸引力的陌生人后，你感到心脏快要跳出来了。其次，你环视四周，试着找出导致你身体做出如此反应的原因。如果你是在大街上听到了枪声，你会感到焦虑；但如果你是在露天游乐场里路经射击摊位时听到枪声，你会感觉还不错。同样，如果你认为派对上的那个人也觉得你很有吸引力，你会欣喜若狂；但如果后来你发现对方其实是对站在你后边的人感兴趣时，你会感到有点尴尬。

20世纪90年代，牛津大学的心理学家大卫·克拉克将斯坎特的理念应用于恐慌症的研究中来。克拉克认为恐慌症之所以发作，是因为人们错误解读了自己身体的感受。根据这一理念，那些经常恐慌症发作的人倾向于觉得自己心跳过速、手心冒汗，然后变得更加紧张，于是就心跳更快、手心冒出更多的汗。如此恶性循环下去，他们就会感到极度的恐慌。

克拉克相信，治愈恐慌症不需要药物，也不需要探讨童年的记忆。相反，只需要教给人们如何放松，或者更好的方法是鼓励人们从积极的一面解读自己的身体感受，就能第一时间抑制恐慌的发作。

为了验证该理念的正确性，克拉克找到了一群经常会犯恐慌症的病人，教他们以新的方式看待自己。他对病人说，当他们感到心跳加速、喘不过气来时，不应该恐慌，而是应该把它们看成是自己的身体感觉到有点焦虑的表现。有些病人担心自己在恐慌症发作的时候会晕倒，虽然这从来没有真正发生过。克拉克通过详细的解释缓解了他们的恐惧心理：他们之所以会出现这样的感觉，是因为脑部的血液流到了身体主要肌肉中去，由此导致的血压升高反而使他们并不太可能会晕倒。

克拉克的方法非常显著。实验结果显示，比起药物治疗和放松疗程，让人们重新解读自己身体感受的方法更加有效。

运用同样的方法，我们也可以帮助那些在考试、工作面试、公共演讲、进医院之前感到焦虑的人们。人们只要知道为什么他们的身体会过度兴奋、如何更加积极地解读身体的反应（"考前紧张有助于集中注意力""肾上腺素过度分泌可以帮助你在面试或演讲中表现得更好""去医院之前感到紧张是人之常情"等），他们就能更好地应对以上几种状况。

　　人们对于"身体创造情绪"这一理念的理解，帮助他们找到治疗愤怒、恐惧、恐慌以及其他精神焦虑症的快捷有效的方法。但是，这种方法能够治愈抑郁症这种影响范围更广、程度更深的心理疾病吗？

摆脱罪恶感

　　下一页是我祖父威廉·怀斯曼的照片。请你撕下这一页，并在这张照片上尽情地乱涂乱画。只要你愿意，无论怎么做都行。可以在他的头上画上角，也可以给他画上大胡子；可以在照片上写一句恶狠狠的话；也可以拧掉他的头，戳他的眼睛。现在开始吧……

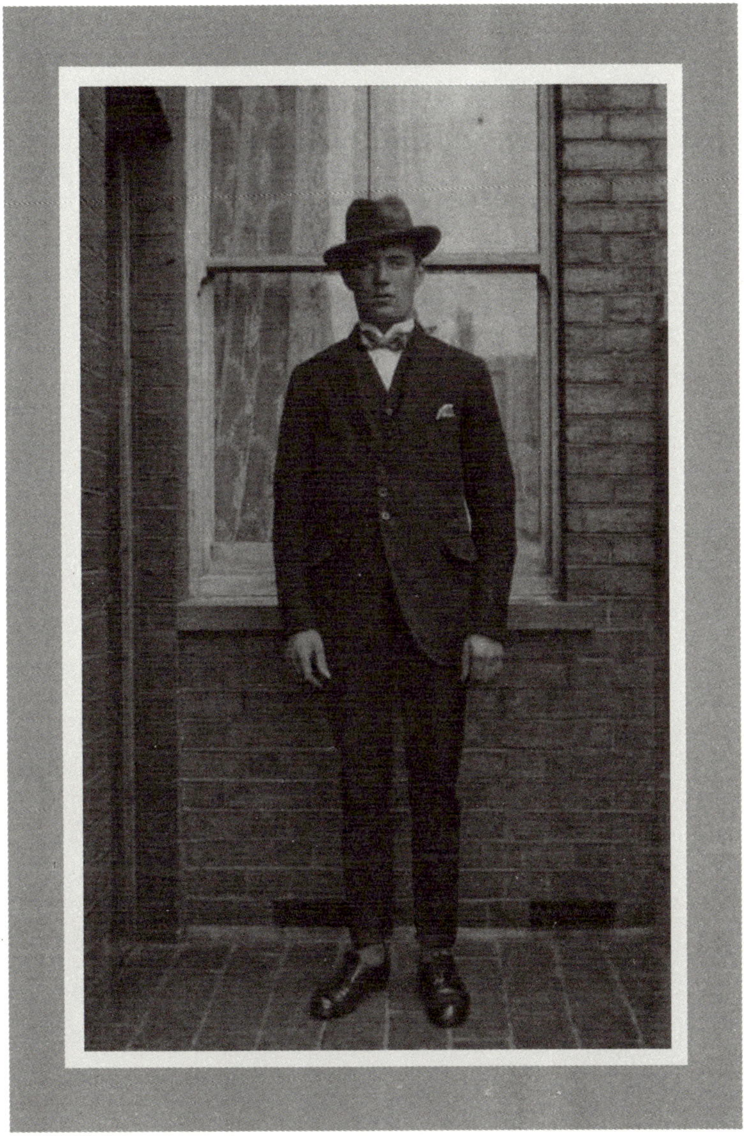

完成了吗？下面让我告诉你我祖父威廉·怀斯曼的经历。

他住在卢顿，做帽子生意。他是个好人，用大半生的时间为各种公益事业筹款。他特别关心无家可归者和失业人员。每个圣诞节他都会到当地的医院以及孤儿院，给孩子们送礼物。其中一个孩子乔治·坎宁安后来成为著名的雕塑家。他为我祖父制作了一个半身像，作为对他的回报。现在这个半身像还放在我祖父的家里，每次一看到它，我们就会想起祖父对社会做出的贡献。

现在，再看看你对我祖父的照片做了些什么。说实话，我希望你为自己的行为感到害臊。但是，你也不必为此担心，因为"表现"原理能够减轻你的罪恶感。

普利茅斯大学的西蒙·施纳尔知道人们在做出不道德行为后往往会自我嫌弃。但是，他想知道，是不是做出嫌弃的表情会使人觉得某种行为更加的不道德。为了找出问题的答案，施纳尔及其同事准备了一些可议的情境描述以及一罐臭味剂。

施纳尔的实验是在一条主干道上靠近垃圾箱的地方进行的。实验人员拦下路人，让他们读一些描写各种不端行为（包括近亲结婚，一个男子在车中将狗打晕然后生吃狗肉，一个男子对自己的宠物猫产生了过激行为等）的片段，然后让他们为自己阅读过的情况的道德指数打分。实验开始前，实验人员可能会往垃圾桶里喷大量的臭味剂，也可能不喷。那些闻到臭味的人会做出反感的表情，并且往往认为刚才读到的情况格外的不道德。

受到这个实验的启发，其他研究人员让实验参与者回忆自己做过的不道德的事情，然后让他们使用消毒湿巾擦手，并让他们给自己的愧疚指数打分，问他们是否愿意从事慈善工作。洗手这一行为明显使他们的愧疚感降低。

所以，想要消除因为对我祖父照片不敬而产生的小小罪恶感，去洗手吧，让"表现"原理帮助你洗掉自己犯下的罪恶。如果你感到更强烈的罪恶感，就去冲个澡吧。

3. 用行为对抗抑郁

根据《圣经》的记载，所罗门王活得并不幸福。他因自己的身高被选作以色列之王（"他比其他所有人都高，别人都不及他的肩膀高"），卷入多场战争，经常表现得非常情绪化（"与生俱来的坏脾气令他困扰"）。最终，一个名叫大卫的年轻音乐家被召唤进宫，为他演奏竖琴，这极大地缓解了所罗门王的坏脾气。同时，大卫也有许多其他的才能，他后来杀死了歌利亚巨人，击退了非利士人的进攻。没承想，这些成功反而遭到了所罗门王的嫉妒，他下令用标枪射杀大卫。

来自以色列内盖夫本·古里安大学的柳伯夫·本·能恩仔细分析了《圣经》中对于所罗门王的描述，试图使用现代精神病原理为其心理问题做出诊断。本·能恩排除了药物引发的情绪失调（《圣经》里没提到所罗门王服药）以及精神分裂症（所罗门王是《圣经》中少数听不到神的声音的人），最后认为所罗门王可能患有严重的抑郁症。在后来的一篇论文中，荷兰格罗宁根大学医学中心的马丁·惠斯曼提出这样一种观点：所罗门王的神经失调可能是由工作压力引发的，并且部分归因于他要以"区区三千人的军队对抗非利士人三万辆战车、六千骑兵以及多如流沙的士兵"。

现代流行病学指出，据估计，在大部分西方国家中，每二十个人中就有一个人会感到抑郁，并且还有研究指出妇女患抑郁症的数量是男性的两倍。

抑郁症的症状包括：感到绝望，不愿起床，避免与他人接触，厌食或暴饮暴食，难以集中精力以及失眠。某些临床医师试着解释抑郁的感觉，将那种感觉描述为"痛苦悲伤，再加上倒时差时的怠惰厌动的感觉"。尽管每个人都会不时地感到难过，抑郁的人会长时间出现以上症状，并且这些症状极大地影响了他们的生活。有时人们是因为一个不好的事件（如被炒鱿鱼或者失去爱人）而产生抑郁，但有时候人们没有任何明显原因也会感到抑郁。现在，关于抑郁的成因和治疗方法，人们有着激烈的争论，但是大部分的医生、心理学家、精神治疗师都认为要治疗抑郁，就要先改变人们脑中所想。

20世纪40年代，美国心理学家瓦特·弗里曼认为人们之所以感到抑郁，是因为人脑前部和中部的神经传输系统出现了问题。据此，他发明了一个奇怪的治疗方法，切断人脑这两部分间的沟通纽带。在手术中，他要先电击病人使其失去知觉。然后，他通过病人的泪腺，将一个被称作"脑白质切断器"的冰镐样工具插入病人脑中。在用手术锤敲打几下后，脑白质切断器会进入病人的额叶，然后弗里曼会转动脑白质切断器以捣毁人脑中出问题的部分。在职业生涯中，他进行了超过3000例这样的手术，甚至曾经像玩杂耍的人一样，把病人排成一道流水线，在一天内对25位女性进行了手术。

这一手术被称为"额叶切除术"。尽管弗里曼的一些病人在进行过脑白质切除后感到病情有所好转，但是其中很多人出现了严重的后遗症，包括不得不重新学习吃饭或喝水等基本技能。他最著名的失败案例是美国总统约翰·肯尼迪之妹罗斯玛丽。在出现过几次剧烈的情绪波动并偶尔显现出暴力倾向后，她在 23 岁的时候进行了额叶切除术。不幸的是，她在手术后丧失了许多基本能力，学习困难并且小便失禁，余生都需要有 24 小时看护照料。

看到了额叶切除术的巨大副作用，许多医生开始实验其他危害更小的治疗方式。到目前为止，最流行的治疗方法是使用抗抑郁的药物。电脉冲在脑部不同部分之间通过神经元进行传递。神经元间通过释放血清素来互相通信，并且每次通信后血清素都会被神经元再次吸收。20 世纪60 年代，科学家们发现人脑中血清素含量高的话，人的情绪就会好，因此发明了阻碍神经元对血清素再吸收的药物，希望通过这种药物来治疗抑郁症。尽管还是有人质疑这种药物的疗效以及副作用，但许多研究人员声称该药物帮助人们减轻了抑郁症状，并且是现在最流行的治疗抑郁的方式。

心理学家们不愿意把镉放进人脑进行额叶切除术，也不愿意让病人通过大量药物进行治疗，因此他们研究出了其他方式来改变人的想法。

心理暗示的作用

想象一下，你参加了一场考试，并且分数很低。一般来说，你会对此做出怎样的解释？人们对这一问题会做出不同的回答。有人会说他们没有复习好,有人会说他们那天不在状态或者说那天运气不好。心理学家认为,从这个答案中就能看出一个人的性格,并且从三个方面对答案进行了分析。

首先,你对此自责吗?如果你认为你考得不好是因为自己不够聪明或者没有复习充分,那么你就是在因为考试失利而责怪自己。如果你认为自己那天不在状态或者运气不好题目恰巧都不会,那么你就是在责怪自身以外的其他东西。

其次,是延续性问题。你的答案是否暗示在未来的考试中你也会失利?认为自己不聪明就暗示你在日后的考试中也会失利;但是,如果你认为自己那天状态不好,那么这不代表你在日后的考试中也会失利。

最后,你的答案是否会涉及生活中的其他方面。比如说,如果你认为你不聪明,或者说你认为自己很懒,那么你就可能也会在工作中或者在酒吧游戏中表现不佳。然而,认为自己考试那天状态不佳因而失利,这并不会影响自己生活事业的其他方面。

当抑郁者遭遇不幸事件时,他们的解释往往是对自己的责怪,暗示自己在未来也会失败,并且会影响到自己生活的方方面面。相反,那些不抑郁的人会尽量避免自己的弱点,对未来充满期待,并且尽量不影响自己生活的其他方面。

在治疗抑郁症时,心理治疗医师往往会鼓励病人首先了解他们自己对于生活中发生的事件的解释,并对此进行改变。这一方法是"认知疗法"的中心环节。认知疗法还包括让病人了解其他有问题的思考方式,比如"心灵感应"(对别人的思想乱下结论)、"灾难化"(变得大惊小怪、小题大做）以及"思想融合"（误将自己所想当作事实）。

实验人员进行多项研究，对药物疗法和认知疗法进行了比较，发现这两种方法对于治疗抑郁具有同样有效的作用。因此，全世界的政府和医疗卫生系统都采用了这种方法，鼓励千百万患有抑郁症的人转变自己的思想。经过多年针对不同疗法的实验，一切看上去都还不错。但是，抑郁症的治疗方法还远不止这些。

让行为影响情绪

下面让我们来做一个小规模的实验。

第一步：花点时间在你的脸上做出一个快乐的表情。将嘴角尽量上扬，并且保持这个笑容。站直或者坐直，挺胸抬头。然后看看下面三个词语，并针对每个词语回忆一段与之相关的人生经历。然后，每段回忆都写下几个词作为提醒。

树　　提示词：＿＿＿＿＿＿＿＿＿＿＿＿＿＿＿

房子　提示词：＿＿＿＿＿＿＿＿＿＿＿＿＿＿＿

猫　　提示词：＿＿＿＿＿＿＿＿＿＿＿＿＿＿＿

第二步：花点时间在脸上做出一个愁眉苦脸的表情。嘴角下撇，并保持这个表情。身体向前瘫坐着，或者耷拉着肩膀站着。然后看看下面三个词语，针对每个词语回忆一段与之相关的人生经历。然后，每段回忆都写下几个词作为提醒。

船　　提示词：＿＿＿＿＿＿＿＿＿＿＿＿＿＿＿

车　　提示词：＿＿＿＿＿＿＿＿＿＿＿＿＿＿＿

狗　　提示词：_____

第三步：看看你刚才回忆起的六个事件，它们是积极的还是消极的？

这一研究最早是由西蒙·施纳尔和克拉克大学的詹姆斯·拉尔德进行的。他们发现当人们面部表情快乐时，他们会更多地回忆起积极的事情；当他们表情难过时，他们会更多地回忆起不好的事情。

抑郁的人往往纠结于生命中那些不是很顺利的事情。这个实验显示，他们的这些回忆部分归因于他们的行为。所以如果你想要记住生命中那些最美好的时光，坐直了，微笑起来，让你的大脑充分回忆那些好日子吧。

做法改变想法

"表现"原理认为行动导致情绪的产生，这解释了为什么人们会感到生气、恐惧、恐慌。这个原理也可以解释抑郁症吗？比如说，是不是抑郁的人并不仅仅因为情绪不佳而不愿起床，相反，他们也因为待在床上太长时间而更加没有精神？很多实验研究表明，情况确实如此。

之前对"表现"原理的研究往往更加关注表情和情绪的关系，认为微笑使人快乐、皱眉使人难过。但临床心理学家发现了表情和抑郁之间的类似关系。比如说，在一项实验中，来自匹兹堡大学的杰西·凡·斯韦林根招募了一组面部神经肌肉失调的病人，测量了他们能够微笑的程度以及他们的抑郁程度。正如"假想"原理预计的一样，病人的面部表情越僵硬，他们就越抑郁。同样，皮肤科医生埃里克·芬奇研究了肉毒杆菌注射是否可以减少面部的悲伤表情，从而减缓抑郁。在一个小范围试点研究中，芬奇为九位抑郁的女士注射了肉毒杆菌，然后跟踪调查了她们的生活。注射肉毒杆菌减少了她们的皱眉次数，但是并没有减少她们的其他表情。结果，研究人员发现肉毒杆菌注射减少了这些女士的悲伤感，帮助缓和了她们的负面情绪。注射肉毒杆菌两个月后，这九位女士中没有人再显露出抑郁的迹象。

其他研究从行为学角度入手，研究了跳舞对于抑郁的作用。由于跳舞这种活动与抑郁这种感觉格格不入，海德堡大学的萨宾娜·科赫及其同事研究了舞蹈对于抑郁的影响。

科赫召集了一些患有抑郁症的人，让他们伴着欢快的音乐起舞。由于担心实验结果会受到音乐以及走动的影响，科赫让其他一些实验参与者听同样的音乐，或者花同样的时间骑运动单车。这三组实验参与者都在实验结束后感觉好多了，但是那些跳舞的人情绪变化更大。

心理学家彼得·莱文松想要知道，改变精神抑郁者的行为是否能够帮助他们改变思想和感受。

抑郁者经常会逃避或躲闪。当人们在生活中遇到不好的事情（比如说被解雇或者感情破裂）时，他们往往会缩回自己的世界，以避免今后遭受更多的痛苦。这种退缩可能以不同的方式表现出来，比如说赖在床上、不见朋友、暴饮暴食甚至吸毒。此外，人们还可能通过沉浸在过去的回忆当中（"如果事情不是这样就好了"）或看肥皂剧、电视节目来回避对未来的思考。但是，所有这些都会产生意想不到的不良结果。躺在床上和暴饮暴食可能会使你长胖，从而更加感到惭愧害臊。睡眠过量或者沉迷电视节目可能会招致生活伴侣的责怪。不与朋友联系可能会导致你更少有机会外出参加活动，从而感到更加孤独。

为了摆脱这种恶性循环，卢文森发明了一种"行为催化"法。这一疗法有几个不同的版本，但是大部分都包括以下两个主要阶段。

最开始的时候，要鼓励人们发现有问题的行为并确立整体目标。这可以帮助他们了解自己哪些行为是抑郁的症状，并且帮助他们树立一个目标。

行为催化：第一阶段

首先，心理学家们会使用下面的方法来帮助你发现存在问题的行为，并且树立总体目标。

1. 找出存在问题的行为

请完成以下问卷

行为	是 / 否
你是否经常回避自己的朋友以及家人？	☐☐
你是否不参加你喜欢的活动（运动、看电影、外出就餐）？	☐☐
你是否自暴自弃，不好好吃饭，不注意卫生？	☐☐
你是否在学校、大学或者工作场所不愿积极表现？	☐☐
你是否沉溺于过去，不愿思考未来？	☐☐
你是否对你的孩子或者伴侣失去了兴趣？	☐☐
你是否花很多时间看电视、玩游戏、躺在床上？	☐☐
你是否酗酒、暴饮暴食、吸毒嗑药？	☐☐

看看你的以上行为，哪些是你想要改变的？

2.列出目标

看看下面的部分，找出一个或两个你重视的以及一两个你认为有难度的，然后回答相关问题：

感情关系：你是不是正处于一段感情中或者想要改进一段现有关系？或者你想拥有更多的朋友，与父母和伴侣关系更亲密？

工作学习：你是不是想在大学里好好表现或者提高职场表现？也许你想要拥有自己的生意、升职或者拥有某项职业技能？

娱乐休闲：你想不想业余生活获得更多乐趣？你更想参与哪种运动？拥有哪些兴趣和爱好？

社区活动：你想不想为社区做出更多贡献？也许是从事某种慈善、志愿者工作，或者说参与某个社会团体？

身体健康：你想变得更健康吗？也许你想减减肥、多锻炼或者吃更有营养的东西？

在"行为催化"的第二个阶段，人们要从事一种他们一直以来回避的事情，并为了自己制订的目标努力。这一阶段的重点是人的行为，而不是面部表情。现在已经不是问人们感觉怎么样的时候了；相反，现在应该问：他们想怎么改变自己的行为？

在这个阶段，人们需要列出一些具体的活动，久而久之，这些活动会带来长期的行为改变。比如说，如果你的整体目标是更多地与别人接触，那么你的具体活动就应该是每周与朋友一起喝一次咖啡，每两周和同事一起看一场电影。同样，如果你的目标是学会一种新技能，那么你就需要在网上查找相关课程，与老板沟通一下学习新技能阶段你的工作时间安排。在这一阶段，工作记录表可以帮助人们保持动力，并且监督他们行为的转变。

行为催化：第二阶段

1. 确立目标行为

看看你之前列出的想要回避的行为以及你的目标。针对它们，列出一些具体的活动，帮助你改变自己的行为、达到目标。

每一项具体的活动都应该是小小的，但是能够切实帮助你达到目标的。比如说，如果你想少赖床，那么你就需要每个工作日早上 9 点起床、晚上 11 点前上床。同样，如果你想开始一段新的感情，你就需要在相亲网站进行注册，告诉你的朋友你开始积极寻找生活伴侣了，或者是加入一个读书俱乐部。

所有这些具体的活动都必须是实际的、可衡量的、有具体时间安排的。所以，仅仅写下"要快乐"可不行，因为它难以衡量，而且时间上无法具体安排；"每两周读一本新书"可能就会好得多。

具体活动的列表最好包括以下几个方面：每天 9 点醒来并起床；每周参观一个博物馆或一个画廊；每两周给父母打个电话；每周联系一个朋友，约他们去喝咖啡；每周写小说 500 字。

2. 制订计划

以下图表能帮助你制订每天的计划，特别注意那些你需要完成的活动以及你完成它们的时间。

周一:（日期　　　）			
时间	计划活动	项目	实际活动情况 打分1（非常不成功）~ 10（非常成功）
上午 9 点	醒来，起床		
上午 10 点			
上午 11 点	给父母打电话		
中午 12 点	写小说 100 字		

周末的时候，回顾一下你的计划表，看看你完成了哪些活动、没完成哪些活动。下一周继续完成没实现的目标。以下是一些小贴士：

·不要试图一下子就改变你自己所有的行为。相反，你应该一步一步来，循序渐进。

·不要让你的思想阻碍你的行为。如果你发现总是认为自己会失败，或者感觉不好，接受这种思想，然后继续行动。

·所有人都会偶尔失败。所以如果你无法完成所有的目标，不要担心。制订另一个计划表，然后再试一次。

·离开你的安乐窝。这也许一开始做起来有点困难，并且你会觉得还是像过去一样逃避感觉比较好，因此对自己说"等我感觉好了我再改变吧"或者"等到时机合适再说吧"。不要陷入这些陷阱——不论你怎么想、感觉怎样，试着改变你的性格。

根据"表现"原理，以上方法应该是有效的。但实际情况确实如此吗？

2006 年，华盛顿大学的索娜·迪米蒂安及其同事进行了一个引人注目的实验研究。她招募了 200 个严重抑郁的门诊病人，并随机将其分成四组。第一组病人服用了一种名叫"帕罗西汀"的抗抑郁药物；第二组服用一种安慰剂；第三组参与"认知疗法"治疗；第四组进行"行为催化"疗法。

然后，实验人员在两个月内对病人进行了追踪调查，试图发现哪种治疗方法最为有效。结果显示，对于大部分患有严重抑郁症的病人，行为催化比起认知疗法更为有效。更重要的是，研究结果显示，行为催化的效果和服用抗抑郁药物的效果同样显著。

多年来，大量的研究证实了同样的结果。若要缓解抑郁症，通过服用药物或者认知疗法来改变自己的思想，这种方法是有问题的。相反，改变自己的行为不仅副作用小，并且效果显著。

"表现"原理不仅能制造快乐、营造爱情，还能帮助人们减少痛苦，并且帮助千百万人生活得更幸福、更丰富多彩。

粉碎练习：第一部分

在你阅读下一章之前，请你完成以下这个练习。

首先，撕掉下一页，将其撕成二十片。每一片的形状和大小都可以随你心意。

这个任务可能要花费 5 分钟的时间，你也许觉得它有点无聊。因此，你可以现在完成它，也可以以后再做（下一章结束前，我会再次提醒你的）。

第四章
打造你的超级意志力

了解奖励为何常常适得其反，发现鼓舞自己和他人的方法，帮助你克服拖延症，帮助你戒烟、减肥……

"我祈祷了二十年，但是一点用都没有；直到后来我以双腿为注进行祈祷。"

——弗雷德里克·道格拉斯

1. 奖励无效论

长久以来，心理学家们试图揭开人类动机之谜。为何有些人非常有自控力以及内在动力，而另一些人却发现连早上起床都很困难？20世纪60年代，实验人员就此进行了多项实验。他们将鸽子关在特制的笼子中，然后仔细观察它们的行动。笼中安装有一个开关以及一个电灯。实验人员训练鸽子，让它们每当电灯亮起时就啄开关。他们做了大量的实验，结果显示当实验人员以食物作奖励时，鸽子们学习得快得多。实验人员就此认为，人们就像是大型的没有羽毛的鸽子，因此，可以用同样的奖励措施鼓励人们做出某种行动。这一观点很快被全球各个国家各个组织接受。因此，监狱中的罪犯如果表现良好就可以享受到一定的特殊待遇；学生如果书读得好就会得到一些糖果；员工如果表现突出就能拿到奖金。

不幸的是，人们很快发现，从鸽子实验中得到的结果并不能直接推广应用到现实世界的人类身上。这些奖励系统或者没有长效，或者在某些情况下甚至会阻碍人们做出值得鼓励的行为。

艾尔菲·科恩在其《用奖赏来处罚》一书中，通过大量的证据，分类说明了奖励的负面作用。比如说，在一项研究中，实验人员追踪了一千名想要戒烟的人。他们将这一千名烟民随机分为两组，让他们参与一个为期八周的戒烟课程。其中一组实验参与者在戒烟运动中得到了多种奖励，包括免费的陶瓷杯以及免费游夏威夷的机会；另一组的实验参与者则作为实验对照标准，并没有得到任何的奖励。一开始，奖励措施非常有用，那些获得了陶瓷杯、做着夏威夷阳光海岸之梦的实验参与者们对于戒烟这一活动显现出了非同寻常的热情。然而，当实验人员在实验开始后三个月对他们进行回访时，发现这两组实验参与者中成功戒烟的人数比例相当；而一年后，获得奖励的那一组的实验参与者中，重新开始抽烟的人数相比更多。

在另一项研究中，弗吉尼亚理工学院的心理学家埃·斯科特·盖勒回顾研究了政府鼓励民众系安全带的二十八项做法。六年间，在仔细研究过二十五万人次的数据后，他得出了一个结论：要鼓励人们养成长期系安全带的习惯，以现金或礼物作奖励这种方式效果最差。同样，也有人研究了奖励在校学生读书的项目，发现其并没有对提高学生阅读兴趣产生长期的积极影响。

此外，实验人员还研究了对艺术创造行为的奖励。没准儿你会以为，若给艺术家们提供一大笔钱，他们就会文思泉涌、灵感迸发。但是布兰德斯大学的特里萨·阿布马勒邀请了一批专业艺术家，请他们评价一些受客户委托以及自发创作而成的艺术作品的艺术价值。她发现，比起那些受客户委托创作而成的艺术作品，那些自发创作的艺术作品获得的评价更高。

由于担心以上结果的产生并非受到奖励的负面影响，而是因为艺术家自己的创作风格受到了委托人要求的制约，阿马比尔进行了一项更为严密的研究。她招募了一批作家新人，请他们写一首俳句风格的诗，其中第一行和最后一行都要用到"雪"这个词。然后，她将实验参与者分为两组。她鼓励第一组中的作家们畅想自己成名后滚滚而来的金钱和声望；鼓励第二组作家仔细想想他们从创作中得到的乐趣。此后，每个人都围绕欢笑这一主题创作了另一首诗。

阿马比尔请来一组专业诗人，请他们阅读这些关于雪和欢笑主题的俳句，然后请他们对每一首诗所体现的创造力进行评价。结果，在第一首关于雪的诗中，两组实验参与者表现出的创造力相当。然而，在那首关于欢笑的诗中，之前做过写作成名梦的创作新人们表现出的创造性明显不佳。由此，我们可以看出，即使是仅仅想象自己获得奖励也会有负面效果。

实验结果令许多心理学家深感震惊。为何在实验室中运作良好的奖励系统在现实生活中却常常碰壁呢？

神奇的驱动力

如果你有机会和一个社会心理学家相处一段时间，你迟早都会听到这样一个关于明智的老人和骂人的孩子的故事。

据说，从前有一位明智的老人，生活在一个环境恶劣的社区。有一天，一群粗暴的十几岁的孩子决定要让他的日子不好过。因此，他们每天都会经过老人的门前，并且对他大声叫骂。如果是其他老人的话，他们估计会大声回骂这些孩子，或者报警，或者指望着这群孩子最终会有一天厌倦这种小心眼的行为。但是，这位明智的老人没有那么做。他深谙人的心理，因此想出了一个完全不同、但是更加狡猾的主意。

他坐在门外，等着那群孩子的到来。等他们出现了，老人马上给他们每人一张五镑纸币，并跟他们说，他很愿意付他们钱、听他们骂他。孩子们很困惑地接过钱，像往常一样骂骂咧咧地走了。老人如此做了一整周。

第二周，情况有点不同了。当孩子们过来时，老人对他们说，自己上周没赚到多少钱，所以只能给他们每人一镑钱了。孩子们并未受此影响，继续接过钱，幼稚地骂骂咧咧。

第三周，情况又发生了变化。当孩子们到来时，老人向他们解释，自己上周依旧没赚到什么钱，因此只能给他们每人付二十便士了。这次，孩子们嫌钱太少，拒绝继续叫骂。

这个故事肯定是假的，但是它告诉我们，人们究竟为什么会做出某种行为。要想真正理解故事中老人的智慧，我们需要回到20世纪70年代，看看如果付钱给一群人让他们玩木制拼图游戏会发生什么。

心理学家爱德华·德西非常喜欢一种市面上有售的名叫"苏马"的拼图游戏。这个游戏需要人们用几块形状奇特的木块拼出一个特定的形状。德西想用这个拼图游戏进行试验，看看"表现"原理是否能够影响人的行动力。

德西将志愿者们请到实验室来，让他们花30分钟的时间玩拼图游戏。开始之前，他告诉一些志愿者，如果他们能够拼出某形状，他们就会得到金钱奖励；另一些人则没有奖励。

30分钟过去了，德西告诉实验参与者，拼图游戏时间结束。然后对他们说，自己将实验下一个环节需要的文件忘在了办公室里，需要离开实验室回去取一下。正如社会心理学试验中的大部分情况一样，"我现在得离开实验室"只是个实验手段而已。实验真正重要的部分才刚刚开始。

德西离开了10分钟。这10分钟里，志愿者可以继续玩拼图，或者阅读之前故意摆在附近桌子上的杂志，或者什么都不做。其间，德西会全程观察他们的行为。

传统的从鸽子实验得出的奖励理论认为，那些玩游戏有奖励的人应该认为游戏更加有意思，因此他们更可能在德西离开实验室后继续玩拼图。相反，"表现"原理则对此有一套不同的看法。

根据"表现"原理，那些玩拼图有物质奖励的实验参与者会不自觉地认为："别人之所以付我钱，是因为他们想让我做我不想做的事情；他们付我钱来玩这个拼图游戏，那么这个游戏肯定不好玩。"以同样的逻辑，那些没有物质奖励的人会想："别人想让我做我不喜欢的事情时才会付我钱；他们让我玩这个拼图游戏但没有付我钱，那么它肯定很好玩。"如此，那些获得奖励的人会表现得好像他们不想玩这个拼图游戏，而那些没有得到奖励的人则表现得仿佛这个拼图游戏很好玩。根据"表现"原理，德西的奖赏反而把有趣的游戏变成了艰难枯燥的任务，因此那些获得物质奖励的人在他离开屋子后往往立马把游戏扔在了一旁。

　　德西的实验结果极好地证实了"表现"原理的魔力。且不论实验参与者拼图完成情况如何，那些之前没有得到物质奖励的人更愿意玩拼图游戏。

　　其他实验人员很快也做了几个类似的实验，以验证这一有趣的实验结果是否属实。其中最著名的实验莫过于斯坦福大学心理学家马克·莱珀及其同事做过的一个实验。他们来到一些学校，让学生们画画。在拿到画笔和画纸之前，莱珀告诉一组学生，如果他们画画的话，他们就会得到一枚"好孩子"奖章；而另一组学生则没有得到相应的许诺。根据"表现"原理，那些得到奖章的孩子会下意识地认为："只有当大人们想让我做我不喜欢做的事情时，他们才会给我奖励；画画会得到奖章，所以我肯定不会喜欢画画的。"同样，另一组孩子会想："当大人们想让我做什么事情时，他们会给我奖励；我画画，他们没有给我任何奖励，那么我就肯定会喜欢画画的。"

　　几周后，莱珀及其团队回到这所学校，又向孩子们分发了绘画的原料，并且仔细观察孩子们是如何利用它们绘画的。几周前得到奖章的孩子比起其他人画画时间明显短得多。

　　这些实验的结果相当显著。通过奖励学生、吸烟者和开车者，实验人员其实是在鼓励他们表现得仿佛自己并不喜欢读书，并不想戒烟，并不想系安全带一样。结果，如果不再有奖励的话，人们往往会不再做那些之前获得过奖励的行为，因此奖励甚至会起到反作用。短期看来，奖励机制是有效的。但是，长期看来，相关组织不得不持续提供特别的优待、糖果、礼物、奖金等奖励措施；一旦奖励没了，人们的动力也会烟

"角色扮演"的作用

在确定"表现"原理对人的动机起着重要作用后，研究人员开始探索如何利用这一原理激励人们行动起来。

在工作场合，商业领袖们认为，应该通过帮助员工在工作中形成强烈的自主性、目的性、趣味性，使他们真正地爱上工作。在私人生活方面，一些心理学家开始注意"角色扮演"这一方法。比如说，在哈佛大学莱昂·曼的实验中，他突破性地对戒烟这一问题进行了研究。

曼邀请 26 名重度吸烟成瘾者来到他的实验室，并将他们随机分为两组。第一组中，实验参与者要通过扮演肺癌患者这一角色，以表现得好像他们就要戒烟了一样。为了使角色扮演更加真实，曼还在学校的办公室里特意布置了一间假的医生办公室。当实验参与者来到这间办公室时，他们会看到许多不同的医疗器械以及一位穿着白大褂的演员。这个演员将扮演医生，他拿出一张假的 X 光片，告诉你情况不大妙。据一系列虚假的医疗记录显示，实验参与者患上了肺癌。然后，实验参与者要对此做出反应，与医生讨论他的戒烟计划。

相反，作为实验对照的另一组实验参与者，他们也会被诊断出得了肺癌，但是他们不必进行角色扮演，不必改变自己的行为。

实验结果相当惊人。实验开始时，每个参与者平均每天吸烟 25 支。

实验开始后，很快，对照小组的实验参与者每日抽烟量平均减少了 5 支，而进行过角色扮演的实验参与者每日吸烟量平均减少了 10 支。实验参与者减少吸烟量的表演对他们的实际行动产生了巨大的影响。随后几年中，实验人员对这些实验参与者进行了追踪调查，发现这一影响是长期的。实验结束两年后，与对照小组中的实验参与者相比，那些进行过角色扮演的烟民的抽烟数量依然明显少得多。

除了为工作冠以意义、让人们在日常生活中进行角色扮演外，心理学家们还忙于探究小小的行动如何产生令人吃惊的大影响。

用"角色扮演法"戒烟

你在试着戒烟吗？也许"角色扮演"这种方法能够帮助你戒烟。找一位好朋友阅读以下关于肺癌的段落，撕掉下一页上的肺部 X 光片。然后，让你的朋友利用这些信息，扮演一位医生，向你提出戒烟的建议。你应该尽量地融入角色，问"医生"问题，并向他解释自己准备如何戒烟。

资讯和台词

肺部位于人体的胸腔上部。人每次吸入空气时，肺部会将其中的氧气提取出来，并将其传送至血液中；每次呼出空气时，肺部会将血液中的二氧化碳分离出来，通过呼气排出体外。

许多吸烟者患有"慢性阻塞性肺疾"或肺气肿。该病会损害肺部转换氧气和二氧化碳的能力，使人感到呼吸困难，阻碍氧气进入人体。肺气肿是西方国家中常见的致死疾病。

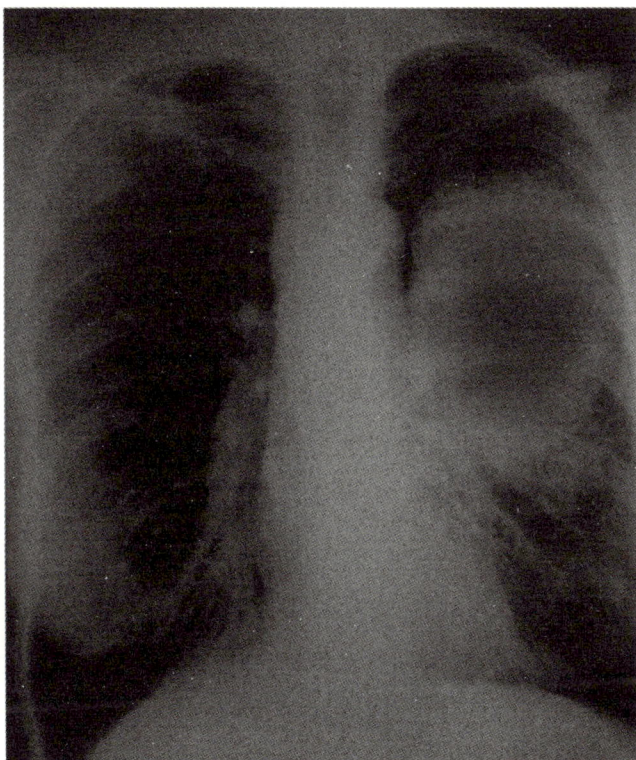

此外，香烟中含有一些有毒的化学物质，可能导致肺癌。医生使用 X 光检测病人是否患有肺癌。在 X 光片中，黑色的部分表示 X 光没有受到阻碍，白色的部分则表明 X 光遇到了一些障碍物，如致密组织或骨骼。

上一页是一张 X 光片，其中该病人左侧肺部患有癌症。此人 60 出头，这辈子吸烟成瘾，每天都抽很多支烟。他的肺部有大量的伤疤以及癌细胞，就是 X 光片上这些白色的组织。肺癌的后果是非常可怕的。比方说，癌细胞直径超过 1 英寸的患者，即使接受最有效的治疗，也只有不到一半的人能活过五年。像这个病人，根据他的 X 光片情况，也许他活不过一年。

你吸烟多久了？你是不是已经感到呼吸困难了？你是不是有一些健康问题？如果你继续吸烟，很可能几年后你的 X 光片就会和这位病人一样了。你对此感觉如何？想想看，这会给你自己以及你身边的人带来怎样的影响？

这是个不好的消息。但好在，你的未来还没有板上钉钉呢。你还有机会做出改变。为了让几年后那张 X 光片下面的名字不是你，你打算做些什么？

2. 小改变引发大效果

想象一下，你在家里时，突然听到有人敲门。你透过花边窗帘向外看去，看到一个年轻男子站在你的门前。他看上去不像是个坏人，因此你决定把门打开。来者向你解释道，他是加拿大癌症协会的志愿者，不知道你愿不愿意为他们捐点钱。你想了一会儿，决定还是为社会做点贡献，因此给了他一点钱。

这看上去是个偶然事件。其实，你可能正在参与一项心理学实验。这类"你愿不愿意捐点钱"的实验首先由多伦多大学的帕特里夏·普利纳设计完成，证明了"表现"原理如何让人们行动起来。

普利纳的实验结果表明，46% 的受访者愿意为公益事业捐钱。在实验的下一个阶段，研究人员让志愿者们来到另一些住户家中，让他们在衣领上佩戴一枚别针，以帮忙宣传防癌抗癌事业。别针很小，因此几乎所有人都同意了。两周后，志愿者们回到这些住户家中，请他们进行捐款。令人吃惊的是，这一次，超过 90% 的住户同意为慈善事业捐款。

这种被称作"得寸进尺"的策略之所以有效，是因为一开始的小小请求使得住户们表现得好像他们是那种热心慈善的人士。这使他们相信他们是无私的人，由此激励自己答应对方更大的请求。四十多年的实验证明，这一方法在很多不同的场合都能起到作用。

其中，法国研究者尼古拉·盖冈做了一些有趣且实用的实验。

在一项实验中，盖冈来到布列塔尼，随机将当地住户分为两组。然后，他假装自己在当地一家能源公司工作，给其中一组的住户打电话，请他们参与一个为时很短的关于能源节约情况的电话调查。几天后，盖冈给所有实验住户寄了一封信。信中，当地市长请所有的市民参与一项能源节约的项目。之前参与过电话调查的人中，超过 50% 的人同意参与该计划；而之前没有接到过电话的人中，只有 20% 的人同意参与该计划。

在另一项实验中，盖冈给一千多人发送了邮件，请他们浏览一个为战争受害儿童建立的网站。其中一半的人浏览这个网站时，看到一个消息：如果有意慈善捐助，请点击另一个链接。而另一半人浏览网站时，要先填写一个反对使用地雷的请愿书，然后才看到"如果有意慈善捐助，请点击另一个链接"这一信息。那些没有填请愿书的人中，只有 3% 的人点击了捐助链接；与此相比，那些填过请愿书的人中，14% 的人点击了捐款链接。

最后，盖冈还用"得寸进尺"这一方法帮助人们找到心中所爱。他安排实验人员来到街上，走近三百位年轻女性，提出请她们喝点东西的请求。有时，实验者在提出邀请前会先向女士们问路或借打火机；其他时候，他们则会径直走近这些女士，直接询问她是否愿意接受自己的邀约，一起去喝点东西。小小的变化带来了大大的不同。先问过路的女士中，60% 同意与实验人员一起去喝点东西；而那些直接受到邀请的女士中，只有 20% 的人接受了请求。

在以上实例中，人们发现自己表现得好像热心能源节约问题，反对战争或者想要去喝一杯，因此激励自己做出了相应的行为。

推销人员经常使用这种方法。行为学专家罗伯特·西奥迪尼将此方法称为"低飞球"法。在这一方法中，要先让人们表现得好像自己对某一种产品或者服务非常感兴趣。比如说，一个汽车展厅会先以相对低廉的价格打出广告，吸引潜在客户来到他们的展厅。当顾客询问一辆车的信息时，他们就表现得仿佛自己想要买这辆车一样。这时，销售人员会向他们解释，车上还有一些附加装置，会使汽车的价格有所提高。同样，旅馆会在网上打出低价房的广告。一旦潜在客户点击广告，表现得仿佛想要预定一个房间时，他们会发现廉价房已经订光了，但是还剩些价格稍高的房间。

粉碎练习：第二部分

本章开始前，你做了"粉碎练习"的第一部分。这其实是一项针对拖延症的练习。当时我曾经指出，撕纸这一活动相当无聊，你不必当时马上做完。你做完了吗？如果答案是肯定的，那么你就不是那种遇到困难后行动有障碍的人；但是，如果你决定以后再做这个练习，那么你就有可能患有拖延症。拖延症会影响生活的不同方面，使人觉得疲倦乏力，无法自制（或者，正如威廉·詹姆斯所言："世间没有其他事比永远纠结于未完成之任务更令人感到疲倦"）。

如果你属于后者，不必担心。"表现"原理能够帮到你。请你返回到那一页，将其从书上撕下来（现在不用把它撕成二十片），然后继续读下面一段。

完成这一练习后，现在你感觉怎么样？据调查显示，现在你没准儿会感到一股奇怪的冲动，想要完成所有练习，将纸撕成二十片。通过做一项只需要花几分钟的活动（也就是，表现得好像你非常积极、有动力），你改变了对自己的看法，并且很可能你会愿意完成那些自己不得不去完成的任务。

当你需要登上一座山时，说服自己花几分钟的时间迈出至关重要的头几步吧！

同样的原理也可以使人行为急剧变化，做出不好的事情。例如，20世纪70年代初，希腊军政府想要把普通的军人训练成残忍的行刑者。利用"得寸进尺"这一方法，他们慢慢将士兵们训练得能够虐待囚犯。一开始，士兵们站在牢房外，牢房里则是被虐待的囚犯们；后来，他们进入牢房内，看着囚犯被虐待；再后来，他们要在牢房里帮助别人虐待囚犯，如在囚犯被打时按住他们；最后，他们自己开始殴打囚犯，变成了新一代的虐待狂。而此时，新兵们正站在牢房外。就这样，"得寸进尺"这一方法慢慢地使士兵们做出了他们自己之前根本无法接受的暴行。

但是从好的方面来讲，在最近一些对"得寸进尺"这一方法的实验研究中，研究人员们探索了是否小小的承诺能够使世界变得更美好。

承诺的力量

美国人一年会制造出一亿五千万吨垃圾，足以每天填满新奥尔良超圆屋顶体育场两次。加州州立理工大学的心理学家肖恩·伯恩因此决定，研究一下是否"得寸进尺"这一方法能够激励人们对垃圾废品进行回收利用。

伯恩的实验在洛杉矶县东部一个富庶的大学城"克莱尔蒙特"中五个不同的区域进行。实验开始前，伯恩及其同事偷偷观察了当地居民的垃圾回收利用情况，发现差不多200个家庭并不回收垃圾。然后，他们开始实验，看看他们是否能够改变这一情况。

伯恩一开始先征得了当地童子军的支持帮助。他花了三周的时间对童子军进行相关的培训。首先，他们让童子军进行朗读排练，朗读一段他们精心编辑的强调垃圾回收利用之益处的文章。然后，实验人员扮演当地居民，让童子军们假装敲开门，向他们朗读之前排练好的作品。当实验人员相信童子军们已经训练有素，可以完成他们的任务后，他们把童子军派往当地。

童子军三人一组，由实验人员带到克莱尔蒙特的不同地方，敲开一扇陌生人家的门。开门后，童子军们训练有素地进行他们精心准备过的演讲，宣传垃圾回收利用的重要性。过了一会儿，他们会给当地居民一张承诺卡以及一张贴纸。承诺卡上简单地写有"我，_____，承诺支持克莱尔蒙特的垃圾回收计划。我愿意献出一份力，反对浪费"。而贴纸上也是很简单直接地写着"我分类回收垃圾，反对浪费"。

接下来的六周时间里，实验人员又对当地居民的垃圾回收情况进行了秘密地观察。效果相当显著：那些童子军没有到访过的家庭中，对垃圾进行回收的家庭只增加了3%；相反，那些签过承诺书、将贴纸贴在房子上的家庭中，对垃圾进行分类回收的家庭新增了20%。只需花几分钟的时间表现出自己愿意参加垃圾回收行动，这就能够深深影响人们的行动，帮助他们日后对垃圾进行分类处理、改善环境。

改变你的生活

2011 年，我与英国政府合作推广一个行动，用"得寸进尺"这一方法来鼓励公众过更健康的生活。

这是一个名为"改变你的生活"的全国性活动中的一部分。包括从小处开始，改变人的饮食习惯、锻炼水平，以期能带动人们生活中更大的转变。

当你……	你应该
当你发现自己去拿糖果、巧克力、薯片时……	……停！去吃点新鲜的水果（如葡萄、香蕉或者橙子）、小小的米糕或者未腌渍过的干果吧。
当你想要做点油炸食品时……	……做点烤的食物。可以烤培根、烤香肠、炒蛋，或者做水煮蛋。

当你想要点杯白葡萄酒时⋯⋯　　　⋯⋯把它换成小杯的由苏打水和酒调成的汽酒吧。

当你外出走动，正想要乘坐电梯时⋯⋯　　　⋯⋯看看附近有没有楼梯；如果有的话，走楼梯吧。

当你乘公共交通工具时⋯⋯　　　⋯⋯看看你是不是能早下一站，走一段路呢。

当你正准备用大盘盛菜时⋯⋯　　　⋯⋯把盘子换成小盘。这可以使每份饭都更加适量。

当你想要在茶或者咖啡中加奶糖时⋯⋯　　　⋯⋯只放一半糖。

当你在商店购物，想买白切面包和大米时⋯⋯　　　⋯⋯选择全麦面包和糙米，提高食物纤维含量。

当你想要点一杯含糖的碳酸饮料时⋯⋯　　　⋯⋯改变你的主意，点一杯苏打水、牛奶或者纯果汁。

你不应该点一大份主食⋯⋯　　　⋯⋯点一份小的配有沙拉和蔬菜的套餐。

承诺卡

　　你想投身慈善事业、健康饮食、环保生活、锻炼身体吗？那么，下一页的承诺卡能够帮助你。请将它撕掉，然后将四张承诺卡撕开。填写其中一张承诺卡，并将其放在显眼处——你可以将它贴在冰箱门上，放在书桌上或者贴在镜子旁边。

　　填完这张卡后，你其实已经表现得仿佛自己很有动力去完成它，因此你实际完成它的可能性也就大大提高。一旦你完成了第一个目标，就使用其他的卡片，帮助你改变生活的其他方面。

我承诺：

_____

我承诺：

_____

我承诺：

_____

我承诺：

_____

评估你的自控力

在 177 页后面印着一个秘密。请你先不要看那个秘密。仔细撕下那一页，将其揉成一个球，但是在这个过程中要保证你不会看到那个秘密信息。

我们要通过这个纸球，检测你是否对自己的自控力有准确的把握。

你认为，在打开纸球阅读那个秘密信息之前，你能忍多久？几分钟？一两个小时？一两天？还是一整个星期？将你的答案写在下边：

然后，将这个纸球放在你家中或办公室中的明显位置上。每当你看到这个纸球，你可能都会好奇这里边到底写了什么。是一个笑话吗？还是一句能够改变你人生的名言？或者是一个能够帮助你切实提高自控力的方法？在你打开这个纸球前，你永远无法知道确切的答案。

你什么时候打开的纸球？你之前的预测准确吗？你是不是比之前预想的还没有控制力？

刚开始这个练习时，许多人认为他们能忍上他几个星期才打开这个纸球。然而，随着时间的流逝，他们感到越发地好奇。很快，他们发现自己急切地想要知道小球里的秘密信息到底是什么。他们对自己自控力的不切实际的估计表明：他们非常需要这一章中提到的许多方法。

那么，你完成得怎样？

3. 重塑全新的自己

　　世界各地的肥胖人数比例都在提高。20 世纪 80 年代，美国人中肥胖人数比例占 15%；到了 2003 年，这一比例提高到了 34%。其中，令人吃惊的是，17% 的美国儿童和成年人超重。肥胖人士更可能产生多种健康问题，特别是心脏病、Ⅱ 型糖尿病和某些癌症。因此，世界上有成千上百万人在生命中的某个阶段矢志减肥。但是，讽刺的是，他们成功减肥的概率却很低。

　　有些人被低卡路里减肥餐的所谓快速、轻松的减肥效果吸引。这种减肥餐往往是一些卡路里低但营养全面的流质食物。其短期效果非常显著。一些实验表明，使用这种方法减肥的人中，差不多一半的人能够迅速减去超重部分 80% 的重量。然而，随后几年的跟踪调查结果却不尽如人意。差不多三年后，大部分的人都会恢复到原来的体重；五年后，只有三个人保持了减肥的效果。这一令人沮丧的结果并不仅仅限于低卡路里减肥餐。在对几百个食疗减肥相关实验的结果进行分析后，一篇文章指出："人们都在讨论体重反弹的比例，而不是体重反弹这一现实。"

离食物远一点

如果你坐在桌前，试试这个简单的练习。首先，合上书，将其放在桌子上，然后推开。然后，将本书拉回到眼前，拿起它，拥抱并亲吻它（如果你在书店或者在其他公共场合做出这种行为，你可能需要对周围人笑笑，以示"这没什么问题，我可不是危险人物"）。

在以上两个部分的练习后，你对书分别有什么感觉？研究显示，将一个物品推开（表现得仿佛你不喜欢它），使你厌恶这个物品；而将一个物品拉到你的身边（表现得仿佛你喜欢它），使你更加喜欢这个物品。据我所知，之前从来没有实验研究过拥抱亲吻一个物品的影响。但是我估计那肯定会使你格外喜欢这个东西。

下次当你看到一盘点心或者巧克力饼干时，把它推开，这样你就会感到你对它们的欲望降低了。同样，如果你在推销一个东西，想要让你的顾客对其有更好的印象，把它放在顾客前面的桌上，鼓励他们将这个东西拉向他们自己。

其他的研究显示，运动减肥也面临着差不多的难题。

2008 年，杜兰大学的研究员拉里·韦伯及其同事进行了一个大规模的实验调查，研究是否能够在中学生中推广体育锻炼。该实验历时两年，涉及全美 36 所学校中的数千名学生。

在其中一半的学校中，研究人员竭尽所能地鼓励学生参与体育锻炼、进行减肥。每周他们都会向学生宣传体育锻炼的重要性，要求学生尽可能地多做运动。他们甚至鼓励这些学校与当地的健身俱乐部合作，为学生提供专门的舞蹈课程、健身时段或者篮球比赛。相反，他们将其他学校作为实验对照标准，没有对这些学校的学生进行相关的鼓励、提供以上的机会。

为了衡量该项目的效果，实验人员给每个学生都配备了测振仪，以衡量他们的运动量；并且追踪了学生们的体重指标。这一鼓励学生参加体育锻炼的项目取得了怎样的效果呢？效果几乎没有。比起那些作为对照参数的学生来说，那些被鼓励参加体育锻炼、有机会进行更多运动的学生并没有多做多少运动。更重要的是，这两组学生的平均体重参数并没有什么不同。

为什么会这样呢？这一实验是基于以下理念设计实施的：改变人的想法，就能改变人的行动。根据这一方法，你只要告诉人们健康饮食和经常锻炼的重要性，他们就会马上照着这样去做。事实证明，这一方法是有问题的。然而，"表现"原理却可以为我们提供一种更有效且更长效的减肥方法。

用眼睛吃饭

在第二章中，我们了解到，心理学家斯坦利·沙克特的开创性研究揭示了"表现"原理和吸引力之间的奇妙关系。20世纪60年代，沙克特还提出了一个同样大胆的假设，解释了人们为什么会肥胖。

沙克特认为，人们之所以吃饭是基于两种非常不同的信号。

第一种信号来自身体内部。比如说，当你饱餐一顿后，你的胃会发出信号："好了，我一点点东西都吃不下了。"因此，你知道，你该停住嘴了。或者说，当你的胃发出叫声、血糖下降的时候，你知道你该赶快去吃点东西。从理论上说来，因为感到饿而吃饭恰恰就像因为微笑而感到快乐一样。在这两种情况下，你都是基于身体所给出的信号，决定自己的感受。

此外，吃饭还可能受到环境等外界信号的影响。比如说，你可能会在糕点店的橱窗里看到一块诱人的奶油蛋糕，然后觉得你一定要尝尝它。或者说你看看表，发现正好是下午茶时间，因此你走向厨房准备去找点吃的。此时，你忽略了来自自己身体的信号，基于身边的环境判断你的感觉。

所有的人都受到以上两种信号的影响，但是沙克特推断某些人更倾向于倾听自己身体的意见（他将其称为"内在"），而另一些人更容易受到环境的影响（"外在"）。他还提出假设，当供给不足的时候，这两种人都不会变胖，因为"内在"只会让他们在饥饿的时候吃饭，而"外在"根本没给他们什么机会受到食物的诱惑。

如此看来，情况不错。但是，在大部分的发达国家，超市的货架上永远摆满了各式商品，快餐连锁店鼓励人们购买大号快餐，电影院里总是出售超大份的爆米花。根据沙克特的理论，过剩的食物供应不会对"内在"产生不利影响。他们会继续听从身体的意见，在饥饿的时候吃饭。与此相比，"外在"可遇到了个大麻烦。对他们来说，日常生活中遇到的每一个食物货架或摊位都在冲他们大喊："快来吃我吧。"除非他们格外有自控能力，否则他们会很快发现自己正在大吃目之所及的所有东西。因此，沙克特认为，在大部分的发达国家，苗条的人倾听"内在"的声音，肥胖的人则往往受到"外在"控制。

这个理论听起来不错，很聪明。但是它是正确的吗？为了找到问题的答案，耶鲁大学的理查德·尼斯比特进行了一个独特的研究。尼斯比特招募了一些实验参与者，其中有苗条的人也有超重的人。他每次请他们中的一个人来到实验室。他要求，所有实验参与者都在下午早些时候来到实验室，并且实验当天上午9点之后就不能进食了。在进行完无聊的实验后（"你能不能从1000开始每3个数为一组向后数？"），每个实验参与者都能吃到三明治作为回报。事实上，之前的无趣实验根本没有什么意义，尼斯比特的实验在参与者拿到三明治后才真正开始（这又一次证明了世界上没有免费的午餐）。他会仔细观察实验人员拿到三明治后的表现。每个人有三块美味的烤牛肉三明治，并且如果觉得不够饱的话还可以到旁边的冰箱里自取。

根据沙克特的理论，苗条的实验参与者会倾听自己内在的声音，因此他们的饭量不会受到盘子中三明治数量的影响。如果他们饿的话，就会吃三明治；但他们感觉饱了以后，就不会再吃了。相反，那些超重的实验参与者会受到"外在"所见食物的影响，所以当他们有三块三明治的时候，他们会吃得更多。很明显，超重的实验参与者比起那些苗条的实验参与者很可能会感到更饿。考虑到这一点，实验人员做出了一个有趣的假设。俗话说"眼不见，心不烦"；据此，实验人员推论，比起苗条的实验参与者，超重的实验参与者去冰箱里边找三明治吃的比例并没有更高。

后来发生了什么呢？当两组实验参与者都只有一块三明治的时候，他们吃得一样多。然而，当他们有三块三明治的时候，超重的实验参与者很快吞下了更多的三明治。不仅如此，两组实验参与者都不会去冰箱找三明治吃。

在另一个精心设计的实验中，哥伦比亚大学的罗纳德·戈德曼及其同事利用"赎罪日"进行研究。赎罪日是犹太人最神圣的节日之一，那天，虔诚的犹太人民会坚持 24 小时不吃东西、不喝水。戈德曼知道，当代的犹太人对这一传统的遵从程度并不相同：其中一些人几乎一整天都待在犹太教会堂里；而另一些人只待个把小时。戈德曼推测，那些整天待在犹太教会堂里的人不会常常想到食物。

根据沙克特的理论，戈德曼推论，苗条的人根据自己身体的信号判断是否感到饥饿，所以不论他们在犹太教会堂中待多长时间，他们的饥饿感都是相同的。与此相比，超重的人往往通过环境判断自己是否应该吃饭，因此当他们待在犹太教会堂中时，他们会感觉好得多。为了证明事实是否如此，戈德曼向他的犹太裔学生发放了问卷，询问他们的身高、体重、赎罪日待在犹太教会堂的时间、禁食的难度。调查结果显示，对于那些苗条的学生，赎罪日那天待在教堂中的时间与他们禁食的感受之间并没有什么联系。相反，正如沙克特所料，对于超重的学生们来说，赎罪日那天待在教堂里的时间越短，他们就越会感到禁食的困难。

对于那些想生意兴隆的饭馆和想要减肥的人来说，沙克特的理论很有帮助。

对于饭馆来说，要想做好生意，就要使顾客们忘掉自己的身体感受，忽略自己胃部发出的信号。比如说，暗沉的光线、轻柔的音乐能够使人们的注意力从自己的身上转移开来，鼓励顾客吃得更多。同样，极富吸引力的外在诱惑，比如说食物的图片、鲜美的样品，都能够刺激消费者购买更多的食物。研究表明，菜单上诱人的美食照片、饭后的点心手推车都可以成功诱惑那些受"外在"影响的人，即使他们很有自制力。比如说，在一项研究中，研究人员请一家法国餐厅的员工将食客分为身材"丰满"和"标准"两类。然后，在晚餐之后，服务员拿着甜点派走到每个桌前，询问食客是否需要一点餐后甜点。身材标准和超重的食客们都会有需求，但是超重的食客更有可能点服务员端到他们眼前的食物。

如果你想减肥，让沙克特的理论来帮助你。试着倾听自己身体内部的声音，集中注意力，听听你的身体在告诉你些什么。比方说，在你点蛋糕前，问问自己："我是真的饿了吗？"同样，尽量不要去看那些将你引入歧途的东西。不要去看那些不健康的食物，不要走近超市中那些摆满了零食和饼干的货架，并且尽量避免那些将你的注意力从你自身转移开来的吃饭场合。吃饭时不要看电视、听音乐，或者读书。相反，将注意力集中在食物本身，慢慢咀嚼每一口食物。如果这样做不到的话，你可以坐在镜子前面吃饭，将刀叉换为筷子（或将筷子换为刀叉），或者用自己不习惯的那只手吃饭，以帮助自己在吃饭时尽量更加关注自身。

沙克特的简单理论将"表现"原理和吃饭联系了起来。苗条的人根据身体的信号决定是否吃东西。正如当人们在脸上绽开微笑时他们会感到快乐，人们胃部发出的信号告诉他们自己是否饥饿。与此相反，超重者往往不是根据身体的信号决定是否吃东西，而是受到外界条件的影响。他们可以通过使自己的行为符合"表现"原理而迅速减掉多余的脂肪。节食并不一定需要与欲望做徒劳无功的对抗。相反，你只需要听从自己身体内部的声音即可。

坐姿端正，增强自制力

看看你的电脑显示器。显示器的中心是在你的视线上方、下方，还是中间呢？据对"表现"原理及内心动力的相关研究显示，电脑显示器的位置对你的工作效率有很大影响。

20 世纪 80 年代，得克萨斯 A&M 大学的约翰·里斯金德决定研究一下人体姿势对人的毅力的影响。里斯金德让实验参与者做出不同的姿势。其中一半人弯腰驼背，耷拉着脑袋，瘫坐在椅子上；相反，另一半实验参与者则挺胸抬头，坐得笔直。就这样坐了 3 分钟后，每个实验参与者都要到另一个房间去，在那里他们需要做几道几何题，并且要一笔画出一个复杂的图形。事实上，其中许多道题是无解的。里斯金德关心的只是：面对失败时，实验参与者们能够坚持多长时间。在一篇名为《他们忍辱取胜》的文章中，他详细介绍了这一实验的结果，指出：比起那些弯腰驼背的人，之前坐得笔直的人坚持做题的时间长了一倍，内心也感觉更加舒坦和愉悦。

近来，其他的心理学家进行了一个实验研究。他们让实验参与者坐在电脑前，解答一个非常难的问题。有时电脑显示器位置较低，因此实验参与者不得不弯着腰；有时电脑显示器位置略高于人的视线，因此实验参与者不得不坐直了。这一次还是那些挺胸抬头坐姿挺拔的人坚持的时间长。

所以，想激发最大的动力，就把你的电脑显示器调整得略高于自己的视线吧！

别做习惯的俘虏

沙克特的理论相当迷人，但是它并不是唯一一个探讨"表现"原理和饮食习惯关系的理论。

我已经在赫特福德郡大学工作多年。在我的职业生涯中，我曾有幸和多位充满活力且富有创造力的同事并肩工作。其中一位就是本·弗莱彻教授。

虽然本总是穿着黑衣服，但他其实是一个快乐的人；并且他也同我一样，对日常生活中的怪诞心理学非常感兴趣。本之前一直从事职场心理学研究，因此他早期的实验主要是检测人在工作场合的压力问题。但是，在进行相关实验时，他发现了人往往为自己的习惯所拘囿。

有些人的思维方式和行为方式都非常不灵活。比如说，他们会用同样的方法解答不同的问题，组织非常公式化的会议，在日复一日从不改变的活动中寻求安全感。相反，有些人能够接受不可预料的事情，喜欢横向思维，乐意接受新事物。本推论，那些不灵活的人在高度稳定的环境下能够表现得不错；但是当他们遇到新状况、必须做出相应变化时，他们会面临不少问题。

为了证明自己的预测的正确性，本制作了一份问卷，衡量人们的灵活度。比如，问卷会问："在你的同事看来，你是不是经常表现得不合常规？""当别人在最后一分钟改变计划时，你是否感到困扰？""你喜欢那些只有有限几个选项的问题，对吗？"然后，他来到几个不同类型的公司，请这些公司的员工完成这份问卷，让他们为自己应对变化时的表现打分，并汇报自己面对变化时的焦虑感。

然后，本开始想，同样的原理是不是也适用于工作场所之外的日常生活中呢？他推论，人们在生活中面对的很多难题可以归因于他们非常不灵活、不懂变通，被某些习惯束缚了手脚。超重者养成了吃得多、锻炼少的习惯；吸烟者习惯性地掏口袋点烟；想要发展新恋情的人习惯于去同样类型的地方，与同类型的人交谈。本猜想，如果这些人不被习惯俘虏，那会怎么样？

肌肉的魔术

那些非常有动力的人在他们真正开始行动前往往会将肌肉收紧。反过来的话可以吗？如果你收紧肌肉，能不能增强意志力呢？

新加坡国立大学的瑞斯·黄及其同事决定找出问题的答案。黄召集了几组实验参与者，让他们或者尽可能长时间地把手放在冰桶里，或者喝一种非常健康但很难喝的醋饮料，或者到当地的咖啡馆买健康食物而不是甜品。每一次，其中一半的实验人员都要收紧某块肌肉，他们或把手攥成拳头，或抬起脚后跟坐着，或手指紧紧握笔，或收缩肱二头肌。以上这些练习都旨在让实验参与者表现得仿佛正在竭尽全力控制自己。结果显示那些进行了以上练习的人会将手放在冰桶里更长时间，喝下更多的醋，或者买更健康的食物。

下一次你觉得自己意志力涣散时，试着收紧一块肌肉。比如说，你可以握紧拳头、收缩肱二头肌、按压拇指和食指，或者用手握着一支笔。

如果这些都没有效果，你可以交叉双臂。罗切斯特大学的罗恩·弗里德曼和安德鲁·艾略特做过另一个实验。他们让实验参与者或双臂交叉，或双臂放在腿上，做非常难的填字游戏。双臂交叉的人们表现得仿佛更有毅力。因此，比起双臂放在腿上的人，那些交叉双臂的人坚持的时间长了一倍。

为了发现人们改变习惯时会发生什么，本与另一个大学同事卡伦·潘一起发明了一种名为"做点不同的事"（简称DSD）的方法。DSD包括了一系列练习，旨在鼓励人们表现得仿佛他们能够灵活对待生活中的方方面面。比如说，他们要一天不看电视，写一首诗，与一个老朋友取得联系，走不同的路线去工作。多年来，本和卡伦观察了这些简单的方法在人们生活的不同领域起到的效果。

下面，我们以本和卡伦对减肥的研究为例。在许多研究中他们招募了一些想要减肥的人，然后把他们随机分为几组。其中一组采取DSD法一个月。他们没有被要求节食或者要求多运动。相反，实验人员鼓励他们改变自己的思考或行为模式：提前睡觉一小时或关掉手机一天。其他小组的实验参与者则或者没有收到任何要求，或者自愿节食。

实验人员对实验参与者进行了为期多个月的追踪调查，发现DSD可以帮助人们减肥。类似的研究表明，它也可以帮助人们戒烟或者提高就业机会。

许多像吸烟或暴饮暴食这样的不良行为之所以产生，是因为人们表现得仿佛自己是习惯的俘虏。通过让他们表现得更加灵活，实验人员帮助他们以完全不同的方式认识自己。突然间，他们不再是那个仅仅麻木重复自己旧行为模式的人，而是变成一个能够控制自己的人生、对身边的环境做出反应的人。对他们来说，这简直就像是一个魔法一样不可思议，但这不过是"表现"原理起作用的另一个例子。

打破一切常规

本·弗莱彻和卡伦·潘设计了一系列练习，以鼓励人们改变自己的习惯。以下方法基于他们的研究，旨在帮助你领略这一方法的精妙之处。以下两个练习会分别帮助你打破旧习惯，以更灵活的方式对待生活，激发你的行动力。

练习一：每隔几天做以下事件中的一项，试着打破自己的旧习惯。

观看从没看过的电视节目。

听一种新的类型的歌曲。

读一份新的报纸或浏览一个新的新闻网站。

走一条新的路线去上班。

尝试一种不同的食物。

参观一个新的画廊或博物馆。

逛一家之前从来没有进去过的商店。

花点时间看一场你觉得自己不会喜欢的电影。

练习二：完成以下问卷，在方框中打钩表示自己对该说法是否同意。

我认为我自己……	非常反对	比较反对	一般	比较同意	非常同意
1. 情绪化	□	□	□	□	□
2. 对人挑剔	□	□	□	□	□
3. 专横	□	□	□	□	□
4. 自我为中心	□	□	□	□	□
5. 不耐心	□	□	□	□	□
6. 成熟	□	□	□	□	□
7. 吝啬	□	□	□	□	□
8. 散漫	□	□	□	□	□
9. 沉默寡言	□	□	□	□	□
10. 无创造力	□	□	□	□	□

其中，在哪些特点后面你在"比较同意"或"非常同意"的方框里打了钩？每隔几天，找出其中的一个特点，试着表现出与其相反的特质。比如说，如果你认为自己有点吝啬，那你就花几天时间让自己更加慷慨大方。或者说如果你认为自己对人挑剔，那就花更多的时间赞美身边的人。

"表现"原理为人们理解动力这一棘手问题，提供了新的并且是令人兴奋的视角。该原理解释了为什么奖励往往起不到作用；并且，更重要的是，它为找到快速有效的激励方法奠定了基础。做出小小的承诺，你就很可能会做出大大的改变；交叉双臂、收紧肌肉或者坐直了，你就能在遇到苦难时更有毅力；表现得不再是习惯的俘虏，你就会突然发现其实戒烟、减肥并不困难。这些简单有效的方法会鼓励你改变行为的方方面面。如此，"表现"原理激励了你的行动，使你感觉自己变成了一个崭新的、更加有动力的人。

第五章
行为增强说服力

探索改变别人主意的秘诀，发现操纵大众心理的"元凶"，了解控制思维的方法……

"在我看到我说过什么之前，我怎么知道我自己是怎么想的？"

——E.M. 福斯特《小说面面观》

1. 改变世界的力量

在朝鲜战争中，我们看到了两大战场上的战斗：一是美国与朝鲜之间的激烈战斗；二是朝鲜战俘拘留营的带刺铁网后的战斗。后者是一场针对美军在战争中被俘人员的精神之战。

朝鲜战争于1953年7月正式结束，其中交战双方达成一致，决定将朝鲜半岛分为两个国家。次年1月，战俘拘留营关闭，所有被俘人员获得释放。直到那时，这两大战场的战斗内幕才浮出水面。

战俘营关闭后，21名美国士兵决定继续留在朝鲜，并公开诋毁自己的国家，与敌国站在了同一阵营上。此外，令人吃惊的是，大量的美国被俘人员回国后向周围人宣传朝鲜的优越性。

那些留在朝鲜的被俘人员的家人和朋友感到非常震惊。其中一对父母在《时代》周刊的访问中说道："我绝对不相信我的孩子不愿意回家。"世界各地的媒体纷纷来到朝鲜，报道这一事件，并请心理学家解释被俘士兵们看似不可理解的行为。一些研究人员认为朝鲜方面使用闪光灯和白噪声对美国士兵进行了洗脑，另一些人则认为朝鲜方面使用了某种高级的催眠致幻药物。但是，他们都错了。

如果真正地搞清楚美国士兵身上发生了什么，你就会发现"表现"

原理有改变世界的力量。对这一问题的探索，我们从对劝导力的心理学研究入手。

为何我们会忽略事实

政府投入了大笔的资金，试图劝说公众戒烟、戒酒、健康饮食。这些活动的出发点是好的，但它们都以以下论点为依据设计而成：如果告诉人们他们的生活方式不正确，人们就会改变自己的行为。比方说，告诉公众吸烟可能导致癌症，那么他们就不会再吸烟了；告诉公众酗酒会毁掉他们的生活，他们就会控制酒量；告诉公众食物中的脂肪会如何堵住他们的血管，他们就会吃新鲜健康的蔬菜水果。然而，这些看上去合理的方法有个小问题：大部分时候它们根本不起作用。

爱尔兰喜剧演员安德鲁·麦斯威尔最近制作了一个电视节目，其中，他与五个认为"9·11"事件是个阴谋的人一起旅行。其中一名叫罗德尼的坚信双子塔不是被劫持飞机撞毁的，而是被一个政府操控的爆炸装置摧毁的。另一个人夏洛特同样坚定地认为恐怖主义分子没有受过良好的训练，因此根本没有能力驾驶飞机撞向双子塔。

麦斯威尔带着罗德尼和夏洛特一起拜访了许多专家，向他们展示了无法辩驳的证据，证明他们自己的理论是错误的。其中一次，一位炸药专家向他们展示了要炸毁双子塔这等规模的巨型建筑有多么困难。

还有一次，飞行教练向他们展示了驾驶当代飞机是多么简单。这些能改变罗德尼和夏洛特的想法吗？一点也不。该节目的结尾，他们面对诸多证据丝毫不为所动，声称他们依然相信"9·11"事件是美国政府的一个阴谋。

同样，1997年，天门邪教的成员认为他们很快就会被一艘在"海尔－波普"彗星后面运行的宇宙飞船带离地球。在该彗星经过地球的前几周，其中一些天门教成员来到出售科学器具的商店中，买了一台精密复杂的望远镜。当他们利用这个强大的望远镜望向宇宙时，他们能够清楚地看到彗星后面没有什么宇宙飞船。一般来说，这样的经历会让这些人质疑自己的信仰。但是，他们并没有这么做。相反，他们第二天来到商店，声称该望远镜有问题并要求退款。

你可能会认为，在对证据与现实的判断方面，也许罗德尼、夏洛特、天门教徒们有什么异于常人之处。这想法挺好，但很遗憾是错误的。尽管很少有人相信美国政府摧毁了双子塔、宇宙飞船潜藏在彗星的后面，但我们其实都会相信一些差不多的错误理论。当怀有某种信念的人遇到了与其相斥的证据时，往往会表现得和阴谋论者或邪教成员差不多。像他们一样，我们会倾向于与那些跟我们想法相同的人在一起，回避那些与我们的想法相左的信息，并且质疑那些与我们看法不同的人的品格。尽管我们都希望自己是有逻辑的，但是如果事实并不如我们认为的那样，我们会很轻易地就忽略那些事实。

比如说，在一个研究中，实验人员跟踪调查了公众对一个指出吸烟致癌的综合科学报告的反应。90% 的非烟民说，他们认为这个报告非常真实可信。但与此形成鲜明对比的是，只有 60% 的烟民相信该报告属实。在另一个实验中，实验人员首先问参与者他们是否支持或反对某一个重要议题，如气候变化。然后，每一个人都会看到一些针对该主题的论点，其中一些论点非常可信，比如"气候变化很可能是温室效应引发的"，而另一些论点则非常值得怀疑，比如"大量的科学家接受了贿赂，因此才说气候真的在变化"。实验参与者要阅读每一条论点，然后尽量地记住它们。如果他们足够理性，应该既能记住可信的观点，又能记住不可信的观点。然而，事实上，不论实验参与者观点如何，他们记住的都是那些支持自己观点的可信论点以及那些反对自己观点的不可信论点。

正是这种"我已经打定了主意，不要用事实搅乱我的思路"的想法，阻碍了政府试图改变公民意识和行为的活动。若将"吸烟致死"用醒目的字体印在烟盒上，吸烟者们能找到另一种方式让自己相信吸烟并不全是害处；告诉酗酒者们酒精的危害，他们还是会继续相信自己肯定没问题；告诉人们健康饮食的重要性，肥胖者们还是会继续大嚼汉堡和薯条。

更恐怖的是，这还只是冰山一角。

人们经常"说一套，做一套"

多年来，心理学家一直在研究人们"所言"以及实际"所为"之间的关系。其中就有马萨诸塞州史密斯大学的莱纳德·比克曼及其同事的研究。

比克曼试图通过乱扔东西这类小事来研究人的想法与行为之间的联系。他与他的团队来到一条繁华的街道，故意将几张皱巴巴的纸扔在垃圾桶不远处；并且，这些废纸就扔在人行道上。然后，他们来到马路对面，偷偷记录行人的表现，看看有多少行人会将废纸捡起扔到垃圾桶中。结果发现，马萨诸塞州的居民们并不是那么爱整洁，只有2%的行人捡起了垃圾并将其扔进了垃圾桶中。

实验的第二阶段，实验人员截住刚刚走过那条街道的几百位行人，并问了他们一个问题："当看到街上有垃圾时，是不是每个人都有责任捡起来？还是应该由那些专门负责相关工作的人捡起来？"有多少行人声称所有人都应该捡起垃圾、保持街道卫生呢？10%？40%？60%？事实上，刚刚对废纸视而不见的行人中，有高达94%的人说，他们认为每个人都应该捡起垃圾。

比克曼的研究表明，在捡垃圾方面，人们精于奥威尔式的双重思维，因此他们能做出与自己的想法完全矛盾的事情。

实验人员想要探索，是否这种行为与想法之间的不一致性同样存在于生活的其他方面。因此他们将注意力转向了一些更重要的议题，比如说道德观。你是不是一个很讲道德的人？你是不是整体来说都会去做对的事情、公平地解决争端、表现得很有公德心？当人们遇到这样的问题时，几乎所有人都会反复勾选"是的，我是这样的人"这一选项。但是，是不是人们也确实会做出符合道德的行为呢？堪萨斯大学的心理学家丹尼尔·巴特森决定找出问题的答案。

声称自己很讲道德的人就会言行一致？或者人们只是喜欢表现得很讲道德，但实际上并不愿意付出相应的代价（巴特森将此种行为称为"道德虚伪"）？巴特森对此非常感兴趣。在其中的一项实验中，他先让一组实验参与者回答了几个相关问题、衡量自己的道德指数。他们是否相信存在一个公正的世界？整体说来，他们是否总是去做正确的事情？他们自私吗，还是很关心别人的利益？

几周后，巴特森让同一组实验参与者每次一人来到他的实验室，参与一项实验。他告诉每个实验参与者，这个实验还需要第二个人的参与，但是那个人现在正在隔壁的房间里，实验参与者并不知道那个人是谁。然后，巴特森向实验参与者介绍，在参与者与这个神秘人中，只有一人会得到一张彩票（可能会获得大奖），而另一个人则需要花30分钟的时间做一系列数字运算。

然后，巴特森建议，公平起见，应该通过抛硬币的方式决定谁获得彩票而谁做数字运算。并且，他征求实验参与者的意见，问他们是否觉得这种方法公平。当参与者同意后,巴特森说,如果硬币字面朝上,那么参与者获得彩票,而另一个人就要做数字运算;如果硬币背面朝上,情况就正好相反。

最后,巴特森给实验参与者一枚硬币,让他们到走廊上去抛硬币,然后回到实验室告诉他抛硬币的结果。他指出,他无法得知抛硬币的结果,因此需要参与者来告诉他。实验的结果可相当不寻常。按照概率,抛硬币字面朝上或背面朝上的概率应该是一样的。但是90%的实验参与者回到实验室后都满面堆笑,声称硬币字面朝上,自己拿到了彩票。简单说来,很明显,许多实验参与者并没有说出真相。可见,当遇到某些特定的情况时,即使那些之前声称自己道德水准很高的人也不会说实话。

巴特森的实验结果表明,即使是对于那些像道德感一样的重要的、根深蒂固的东西,我们的行为也不一定会符合我们的想法。

如何改变意识

关于垃圾和道德的实验,其结果并不是个例外。一次又一次,心理学家发现人们精于"说一套,做一套"。鉴于此,毫不意外,许多政府的活动并没有取得什么效果;其中"哈钦森控烟运动"就是一个例子。

20世纪80年代末90年代初,美国国家癌症协会花了将近1 500万美元开展了一个大规模的旨在预防儿童吸烟的活动。这一活动既是个实验，又是个公共教育项目。其中，西雅图 20 个随机选取的学校中，4 000多名学生受到了禁烟控烟信息的狂轰滥炸。几个月来，学生们要参与特设的课程，听取专家们提出的各种反吸烟建议（包括如何抵御来自同龄人的吸烟诱惑和如何忽视香烟广告）。另外 20 所学校的 4 000 多名学生作为实验对照标准，没有得到相关的信息。

这些学生中学毕业两年后，实验人员追踪调查了大部分学生的吸烟状况。由于担心他们隐瞒吸烟的事实、不说实话，实验人员甚至检测了他们唾液中的尼古丁含量。实验结果相当令人失望。反吸烟运动是否取得了应有的效果呢？那些参与该活动的孩子中，29% 的人吸烟；那些作为实验对照的孩子中，28% 的人吸烟。政府花费千万美元试图阻止孩子们吸烟，但是，这好像没有什么用处。

不幸的是，这还不是一个个案。另一个美国国家反吸烟运动打出"沟通创造健康"这一口号，鼓励家长劝阻孩子吸烟。结果如何？孩子越大，就越对权威人物产生抵触情绪。因而，这一活动不仅没有使他们相信吸烟的危害，反而使他们更加想要吸烟。可见，过多地沟通只会适得其反。在英国，卫生部花费了 300 万英镑，鼓励公众每天吃五份蔬菜，结果，英国的蔬菜消费量下降了 11%。从 20 世纪 90 年代末到 2004 年，美国国会差不多投入了 10 亿美元，在媒体上播出大量的反吸烟广告。结果发现广告不仅没有劝止青少年吸食大麻，反而一定程度上鼓励了其中一些人出于新鲜去尝试。

　　研究人员意识到传统的改变人们意识的方法没有起到相应作用。因此，他们着手研究其他方法，试图改变人们的态度和想法。最后，一个初出校门的年轻心理学家提出了一个革命性的理念，改变了整个行为科学的发展。

制造认同——第一部分

请完成以下问卷，从1（强烈反对）到5（非常赞同）打分。

说法	得分
1. 我刷牙时任水龙头开着。	1 2 3 4 5
2. 在我能够乘坐汽车或火车时，我也会乘飞机。	1 2 3 4 5
3. 我办公室和家中的灯泡不是节能的。	1 2 3 4 5
4. 我不把垃圾放在回收袋中。	1 2 3 4 5
5. 我不买二手货，而买新的物品。	1 2 3 4 5
6. 我离开屋子时会让电灯开着。	1 2 3 4 5
7. 我不支持绿色生活的理念。	1 2 3 4 5

非常感谢，稍后我们再回来看这份问卷。

2. 是什么在影响人的信念

20世纪末，社会学家威廉·格雷厄姆·萨姆纳认为，某些信仰是自然地根植于人们的大脑中的。萨姆纳将这些信仰称作"民俗"，声称它们特别难以改变。1896年，美国高等法院要对种族隔离的合法性问题做出裁决。许多支持隔离的人声称，种族优越感是萨姆纳所说的"民俗"中的一种，因此任何试图立法禁止种族隔离的尝试都是无用的。高等法院受到此种论点的影响，引用"法律途径无法改变民俗习惯"这一格言，最终裁定：所有的美国公民都可以享受到同样的公共服务，但是对于不同的种族有分开的公共设施。事实上，非裔美国人享有的公共设施质量远比其他人的差。

20世纪40年代中期以来，美国民权运动致力于推翻种族隔离的相关法律。20世纪50年代初期，美国最高法院要求对校园中种族隔离行为的合法性进行重新裁决。支持废除隔离的律师们说，1896年"分离但公平"的说法本身是违背宪法精神的，因为它会使非裔美国儿童感到自卑。律师们援引包括心理学家肯尼斯和玛米·克拉克夫妇在内的多位行为学家的理论，支持他们的观点。

克拉克夫妇曾经进行过一个经典研究。其中，他们让非裔美国儿童在一个白色的玩偶和一个黑色的玩偶之间选择，并且描述所选玩偶的特点。几乎所有的孩子都倾向于选择白色的玩偶，并且赋予它许多美好的特征。他们认为，实验的结果很好地体现了校园隔离对非裔美国儿童自尊心的影响。这一强有力的论证说服了最高法院。1954年，最高法院一致通过，判定教育设施隔离为违宪行为。其他相关法规很快陆续出台，包括禁止公交车以及其他公共交通工具上的种族隔离。

这些规定相继出台之时，社会心理学家达利尔·贝姆还是密歇根大学的一个研究生。尽管之前立志学习物理学，但是民权运动对公众信念的巨大影响令贝姆深深着迷，因此他转而学习心理学。他决定研究1954年高等法院立法前后美国公众对种族隔离这一问题的不同看法，分析相关的调查结果。他的分析很快揭示了一个耐人寻味的现象。

在1954年打破种族隔离这一里程碑式立法之前，只有小部分美国白人支持废除隔离。比如说，在一个1942年进行的调查中，只有30%的美国白人支持废除校园种族隔离，35%的人支持废除社区中的种族隔离，44%的人支持废除公共交通工具上的种族隔离。然而，在高等法院立法废除种族隔离后，这一数字急剧增长，其中1956年的一份调查结果显示，49%的人支持学校里种族融合，51%的人支持社区中种族融合，60%的人支持公交上种族融合。

多年来，美国的民权运动努力求得公众对废除隔离的支持。现在，仅仅在高等法院立法废除隔离几年后，更多的美国白人对废除隔离表示了支持。贝姆急于对这一有趣的现象进行解释，因此翻遍了心理学教材，最终找到了威廉·詹姆斯关于行为和情绪的理论。

正如我们之前在第一章中探讨过的一样，根据"表现"原理，行为导致情绪的产生。比方说，当人们微笑时，会感到快乐；当人们皱眉时，会感到难过。贝姆由此产生疑问：这一原理是不是不仅能够决定人们的感受，并且也会影响他们的信念。根据常识，我们知道思想决定行为。比方说，想象一下，你晚上想出去玩玩，可以看场电影，也可以看出戏剧；你知道，比起戏剧你更喜欢电影，因此你来到了电影院。在这个例子中，你的想法（"比起看戏我更喜欢看电影"）引发了你的行为（去电影院看电影）。追随着詹姆斯的脚步，贝姆颠覆这一对人类心理的常识性认知，认为人的行为会影响信念。因此，比如说，当你想要晚上出去玩玩并且听从别人的劝说来到了剧院，针对自己的行为，你会不自觉地想："等等，我正在看戏。那么比起电影院我就更喜欢剧院。"结果，你最终会更加喜欢看戏。

> **根据常识，因果关系如下：**
>
> 我喜欢看电影 → 去电影院
>
> **根据"假想"原理，事实如下：**
>
> 去电影院 → 我喜欢看电影

　　这是对"表现"原理在思想控制领域的延伸，可以解释为何最高法院的立法规定会导致公众在废除隔离这一事件上有如此巨大的思想转变。相关立法规定要求人们表现得好像他们自己支持废除隔离一样。这反过来使人们不自觉地认为："等等，我现在表现得仿佛自己支持废除隔离一样。那么我猜我肯定赞同种族平等。"结果，对于废除隔离，人们发展出了新的、更加积极的想法。

尽管种族隔离立法废除前后人们思想的转变支持了"表现"原理，但是这并不足以证明这一理论。因为公众意见之所以产生巨大转变，也可能是由于其他因素，如民权运动的大量宣传、活动。为了证明"表现"原理是否真的能够影响人们的信念，研究人员回到实验室，进行了一系列系统的实验。

评论与承诺

越南战争中，50 000 多名美国士兵失去了生命。战争期间，为了赢得民众的支持，美国政府经常发布一些正面的消息，比如说越南北部地区很快就会失败了，或者越南南部很快就会变得足够强大。当时的美国总统林顿·约翰逊下令向越南输送更多的美国士兵。一次又一次，约翰逊意识到政府其他成员曾私下表达了对战争形势的担忧。那么，约翰逊是否曾把这些政客叫到自己的办公室向他们解释自己的观点？完全没有。相反，他采取了一个更加不同寻常的方法：他派这些持怀疑态度的人参加了一个"发现真相"代表团，与其他一些记者一起来到越南。

约翰逊深知，这些政府官员不愿意将自己私下对战争的担忧向公众表达出来；相反，他们会不得不发表高调的演说，支持政府的政策。根据"表现"原理，这些怀疑者自己发表支持总统政策的演说后，最终会相信他们自己所说的话。

　　研究人员在实验室中运用相同的方法，检测是否"表现"原理能够影响人们的想法。为了找出问题的答案，实验人员邀请实验参与者来到实验室，让他们填写一张关于政治信仰的调查问卷，然后，其中的一半实验参与者要发表一个简短的讲话，支持他们反对的那个政党，而另一半人则透过双面镜观看他们的讲话。两周后，所有的实验参与者重新填写了另一张关于政治信仰的问卷。

　　"表现"原理认为，那些发表过讲话的人看到自己表现得支持这个政党，因而也会认为其实那个政党也不坏。相反，那些听到讲话的人虽然接收到了同样的信息，但是，因为他们自己没有对这个政党表示支持，因此他们不会改变自己的政治信仰。结果证实了这一原理的推论，仅仅几分钟的角色扮演就达到了媒体轰炸、政治广告都达不到的效果。

　　多年来，同样的过程也在不同的场合不断上演。实验人员让实验参与者发表一系列讲话，包括支持堕胎、阐述醉驾危险、号召扩大警察职权等内容，并将其录制下来。也许几百种理性分析都无法令人快速转变态度；但每一次，这种方法都能令人迅速转变态度，对他们在讲话中表达的观点表示支持。

　　事实上，这些思想转变程度如此之深，以至于实验参与者往往事后否认自己曾经有过之前那些想法。当实验人员向他们出示之前的调查问卷作为证据时，他们就说这些问卷是假的，或者说自己当时读错了题。

　　这就解释了一些之前无法解释的思想转变问题。本章开始时，我曾经说过，朝鲜战争结束后，大量的美军被俘人员决定留在朝鲜，而那些返回美国的人也往往大谈朝鲜的优越性。

在对这些在恶劣环境中存活下来的战俘进行深入采访后，我们知道，他们思想上的转变并不是因为受到了催眠、服用了某些药物或者受到了刑罚。相反，"表现"原理，也能改变美国战俘的想法。

这一不同寻常的思维控制法往往在战俘进入拘留营之初就开始应用——守卫与新的被拘留人员握手，并说道："恭喜你，你被解放了。"此后几周中，战俘们要参加长时间的课程学习；学习完毕后还要分小组进行讨论，以确保战俘们得出"正确"的结论。如果任何一个战俘公开表达反对言论，那么所有的战俘就都要再重新上课学习并且参加讨论。

很快，守卫开始让战俘们抄写一些简短的反战的言论。许多美国人非常愿意做这些事，因为这些要求看上去微不足道，并且如果他们服从的话，他们往往还会得到一块肥皂或者几根香烟作为奖励。几周后，守卫提高了赌注，要求战俘大声朗读这些言论。又一次，大部分人同意了。又过了几周，守卫让战俘向自己的同伴朗读这些言论，并且最终让他们"讨论"为何他们相信这些言论是正确的。

此外，如果战俘自愿为拘留营报写文章表示友好态度，那么他们就能得到一些非常珍贵的东西，如新鲜的水果或者糖果。一旦他们的文章发表出来，那么他们就可以戴上奖励徽章，不用去做琐碎讨厌的日常工作。如此，许多战俘非常乐意做这些事。

随着时间的推进，这样的行为促使美国战俘改变了态度，甚至使他们情愿留在朝鲜而不是返回美国。"表现"原理解释了战俘们思想上的巨大变化：守卫并没有对他们实施刑罚，也没有使用神秘方法对他们进行洗脑，他们所做的就是让战俘们看到自己不断重复发表反战的言论，然后令他们渐渐相信，他们自己赞同这样的说法。

同样的方法可以用来影响整个民族。每天高喊"希特勒万岁"使许多普通德国人更加容易接受纳粹思想；反复唱国歌可以令人更加爱国；让孩子每天早上祈祷，也大大增加了他们皈依宗教的可能性。

在以上情况下，人们的"所言"变成了"所信"。许多人对此深深着迷，开始研究是否其他类型的行为也具有劝导别人的力量。其中最著名的两个研究，一个是关于眼睛的颜色，另一个则是关于"第三浪潮"的形成。

拇指和中指实验

"表现"原理可以颠覆人们的思想信念。在日常生活的方方面面，"行为创造信念"这一方法也可以改变人们的想法。

是时候做一个快速的试验了。

请伸出拇指，就仿佛你觉得某个东西很赞，然后阅读以下段落：

唐纳德遇到了一个难题。过去的几个月里，他一直租住着一间公寓，但是现在他想搬走。他的合同已经到期，但是房东拒绝退还押金。多次索要押金未果后，唐纳德越来越生气。一天，他再也忍受不了心中的怒气，拿起电话，将房东大骂了一顿。

你怎么看待唐纳德的行为？你支持他在这一情境下做出这样的行为吗？

然后竖起你的中指，就仿佛你对某样东西很不满一样，重读以上段落。现在你对唐纳德的行为又有怎样的看法？

在大部分西方国家，对别人竖起中指表明你不喜欢他们，而对别人伸出大拇指则是一个非常积极的信号。在这两种情况下，你对别人的态度影响了你的行为。但是，如果反过来结果怎样呢？你的手势变化会不会改变你对别人的看法？

以上小实验是根据密歇根大学杰西·钱德勒的相关实验设计。钱德勒邀请一组实验参与者来到实验室，让他们参加一个研究手势和语言关系的实验。首先，实验参与者或者伸出拇指，或者竖起中指，然后阅读唐纳德及其房东的故事。读完故事后，所有实验参与者都要打分，表明自己是否喜欢唐纳德。当人们边竖着中指读故事时，他们认为唐纳德具有攻击性；当人们边伸着大拇指边读故事时，他们认为唐纳德并不那么具有攻击性，相反，他们认为唐纳德挺真实可爱。

这一实验结果告诉我们以下两个重要信息。首先，在理论层面上，它证明了仅仅用几秒钟的时间表现出对某人的某种态度，这就足以影响你对其的看法。其次，从现实角度来看，如果你与同事关系不佳，你可以试着定期冲他们伸出大拇指。

在现实生活中，这种方法只是开了个小头。

比如说，在另一个实验中，学生们要去听一场关于学费增收问题的讨论。在听这场讨论时，一些学生要上下点头（使他们表现得仿佛赞同一样），而另一些学生则要左右摇头（使他们做出摇头的动作，表现得仿佛自己不同意一样）。然后，实验人员问学生们，他们认为每年学费应该付多少。相比于那些一直在上下点头的学生，左右摇头的学生给出的学费金额远远低得多。

想要让别人赞同你的观点？那么就在讲话的过程中巧妙地点头吧，

对方会做出相应的动作，然后发现自己莫名其妙地被你的思路吸引。

　　然后，还有椅子问题。在另一项实验中，实验参与者有的坐在硬质木头椅子上，有的坐在柔软的带垫椅子上，他们要进行角色扮演，与一个陌生人就一辆新车的价格进行谈判，然后评价对方的性格。那些坐在硬椅子上的人在谈判中表现得更顽固，并且更不喜欢与他们谈判的陌生人。简单说来，这表明，坚硬的家具会造就人顽固的性格。因此，在你的家里以及办公室里，还是多放一点柔软的家具吧。

3. 意识如何被操纵

20 世纪 60 年代末期，艾奥瓦州赖斯威尔的简·埃利奥特是一个小学教师。1968 年 4 月 4 日，小马丁·路德·金遭到暗杀，因此她决定在班里组织学生开展一场关于种族主义的讨论。她对课程的效果非常失望，开始思考是不是有其他的方法可以让学生们对这一主题感兴趣。当晚，她想出了一个大胆的计划。

第二天，埃利奥特告诉班里的学生：比起棕色眼睛的人，蓝眼睛的人人种优越。一开始，许多学生对此抱有怀疑态度，但是埃利奥特脑袋转得很快，编出了一些伪科学的例证支持她的论点。她对学生解释说，蓝色的眼睛是黑色素沉积的结果，而研究证明体内黑色素这种化学物质含量高的人往往智商也高。

大部分学生相信了这种说法，然后她进入了实验的下一阶段。她对学生解释说，因为蓝色眼睛的学生更加优越，所以他们应该享有特权，比方说午餐时额外的食物、更长的休息时间、坐在教室前排的机会。相反，棕色眼睛的孩子们是学校里的二等公民，他们只能和其他棕色眼睛的学生玩，并且不能从仅供蓝眼睛学生喝水的水池接水喝。为了使棕色眼睛和蓝色眼睛学生之间的区分更加明显，她甚至让每组学生戴上了不同颜色的围巾。

突然之间，"表现"原理开始运作，这种行为上的变化使学生们的性格也产生了极大的改变。蓝色眼睛的学生变得自负、专横，而棕色眼睛的学生变得羞怯、恭顺。结果，在各种测试中，蓝色眼睛的学生表现得比棕色眼睛的学生好。

几天后，埃利奥特告诉学生们，她犯了一个错误，事实上棕色眼睛的学生比蓝色眼睛的学生更加优秀。突然间，学生们的身份意识发生了变化，蓝色眼睛的学生变得内向起来，而棕色眼睛的孩子表现得更加果断。实验的最后一天，她告诉学生们其实蓝色眼睛和棕色眼睛的学生没有什么不同。她设计这个实验，主要是帮助学生们了解被歧视的滋味，然后让学生们摘下围巾。许多孩子哭了起来，并且互相拥抱。

媒体得知了埃利奥特的实验，并且邀请她来到约翰尼·卡森主持的《今夜秀》节目。尽管美国各地的观众都被这个故事深深打动，但是赖斯威尔当地的许多居民认为这使他们的镇给人留下了"民族主义温床"的印象。结果，埃利奥特的同事们都不再和她讲话，并且她的家人也受到了当地居民语言、身体暴力的威胁。

但是，在此后几十年中，埃利奥特坚持不懈地多次重复这一实验。每一次，结果都是相同的——孩子们的行为很快影响到了他们对彼此的信念。很多曾经参与过埃利奥特实验的孩子长大后都认为这一实验彻底改变了他们对弱势群体的看法。

20 世纪 80 年代中期，埃利奥特最终告别教职，成为一名全职心理训练师。

差不多在埃利奥特眼球颜色实验同一时间，另一名老师试着用相同的方法在学校里对纳粹德国进行重现。

1967年，时年25岁的罗恩·琼斯是一个极具魅力的历史老师和篮球教练，供职于加利福尼亚州帕洛阿尔托市的一所高中。他一向热衷于探索新的教学方式，决定采取一种不同寻常的亲身体验法向学生解释纳粹德国形成的因素。

在一节课开始时，琼斯向学生讲述了纪律和自制的美感。为了强调这一观点，他让学生重复做出坐直、双脚放平、双手交叉背后等动作。

第二天，他告诉学生团结的重要性，并让学生反复诵读"团结铸就力量"这句话。课程结束时，他发明了一种"课堂问候礼"——手臂前伸，手掌向上，再向下划出一个曲线。下课铃响起时，琼斯慢慢做出这一动作，然后所有的学生也做出这一动作作为回礼。

接下来的一天，琼斯发给每个学生一张"会员卡"，让他们招募其他人参加一个新成立的组织"第三浪潮"。他同时鼓励所有人向他报告公开对这一项目表示质疑的人。

"第三浪潮"成立的消息很快传遍整个校园，还有学生自制横幅和单页来推广这一活动。很快，琼斯的组织就有了超过100名成员，其中许多学生表现出了很强的专制独裁性，要求别人严格遵守纪律。琼斯发现他的实验已经渐渐超出了自己的控制范围，因此决定停止这一活动。他宣布，所有"第三浪潮"的成员在学校礼堂集合，参加一个特别会议。

超过200名学生于规定时间在礼堂集合，其中许多人穿着白色T恤，戴着自制的袖章。琼斯打开投影，向学生们展示了描述第三帝国历史以及纽伦堡大会的照片。放完最后一张幻灯片后，他宣布这一活动旨在告诉学生们人们的行为和信念是多么容易被操纵，并且强调每个人都应该为自己的行为负责。许多学生受到了这一现实的冲击，不禁失声痛哭。

实验过去几年后，琼斯没有获得终身教职。此后 30 年间，他写书、演讲、从事心智不健全者的研究。小说《浪潮》描述了他的实验，并且被列为德国学校指定阅读书目。2008 年，取材于这一实验，电影《浪潮》问世。2010 年，琼斯还将这一实验搬上了音乐剧的舞台。

制造认同——第二部分

请完成以下问卷。你同意以下说法吗？从 1（强烈反对）到 5（非常赞同）打分。

说法	得分
1. 我刷牙时不会任水龙头开着。	1 2 3 4 5
2. 在我能够乘坐汽车或火车时，我就不乘飞机。	1 2 3 4 5
3. 我办公室和家中的灯泡大多是节能的。	1 2 3 4 5
4. 我把垃圾放在回收袋中。	1 2 3 4 5
5. 如果可以，我不买新东西，而买二手货。	1 2 3 4 5
6. 我离开屋子时会把电灯关上。	1 2 3 4 5
7. 我强烈支持绿色生活的理念。	1 2 3 4 5

请看一下你给出的七道题的答案。然后，翻回到"制造认同——第一部分"，看看你当时在本练习第一部分中对相同问题给出的答案。根据纽约大学心理学家雪莉·查肯的实验研究，很可能在第一部分你给出了

一个相对较低的分数：25。

查肯的实验结果显示，"表现"原理与信念之间的关系也可以应用于人们对过去的看法上。该练习第一部分的问卷问你如何表现得不环保，比如说，刷牙时不关水龙头，能乘火车时仍选择乘飞机。然而，第二个练习的问卷则问你如何表现得环保，比如说，你对垃圾进行回收，离开屋子时关灯。

根据"表现"原理，人们完成第一份问卷时会想："我表现得好像很不环保，所以我不支持绿色生活。"而第二份问卷则让人们想："我的行为看上去很环保，那么我肯定是秉持绿色生活的理念。"

通过提醒人们在其过去以及现在行为中的某个特点，像这样的问卷不单单是可以衡量人的想法，它甚至可以操控你的思想。

4. 消极行为是怎样产生的

2004 年，美国老牌新闻节目《60 分钟》报道了一则令人吃惊的新闻：伊拉克阿布格雷布监狱中被俘士兵遭到美军的非人虐待。据该报道称，美国军方对战俘实施了一系列身体以及精神虐待，包括殴打和折磨。整个世界看到相关虐人画面时都深感吃惊：囚徒们被像狗一样拉着到处走、被告知即将受到电刑、被赤身裸体堆放在监狱过道里。美国国防部对此做出回应，将几个负责人员免职，并且随后对其中一些人提起了诉讼。但是，一个问题却始终萦绕在公众脑海中：这些士兵何以做出如此暴行？

"表现"原理可以对这一问题做出一些解释。

《伊索寓言》中，有一个很出名的寓言，讲的是狐狸和一串葡萄的事情。故事中，一只狐狸在果园里闲逛，突然，它看到一根高枝上挂着一串看上去非常美味的葡萄。狐狸感到有点渴，于是后退几步，向葡萄跳去。很不幸，它没有够到葡萄。它没有就此放弃，而是又跳了一次，但是这次它又失败。整个下午，狐狸一直在重复同样的动作，试图够到葡萄，但是每次都以失败告终。最终，它放弃了，饿着肚子离开果园，告诉自己其实它不想吃那串葡萄，因为葡萄可能是酸的。

这个寓言不仅向我们解释了"酸葡萄"这个流行语的由来，还为"表现"原理提供了一个完美的例证。开始时狐狸相信葡萄会很好吃，但是当它行动失败没吃到葡萄，不得不离开果园时，它对葡萄产生了一种消极的观念——狐狸先看了看自己的行动，然后根据行动形成了一种新的信念，以证明自己行动的正当性。

一组实验人员决定研究是否相同的模式会影响人的信念。比方说，人们会讨厌那些得不到的东西，并且对触手可得的东西感到格外喜爱吗？

在一组实验中，实验参与者首先要填写他们对一些物品（如咖啡机、三明治烤架、烤面包机、笔记本电脑等）的喜爱程度。其次，实验人员选择两种得分相当的物品，向实验参与者展示它们并让他们选择一个作为礼物。然后，选上的物品就被放在一个盒子里，用绳子捆好，放在实验参与者的衣服旁边。所有这一切都旨在让实验参与者认为他们能把这个东西带回家。而事实上，实验人员经费有限，所以实验一结束就宣布收回"礼物"。最后，实验参与者要再一次填写他们对这两种物品的渴望程度。

在做出选择之前，所有的实验参与者都表明对这两种物品同样喜爱。然后，根据"表现"原理，当人们表现得更喜欢一个物品时，他们会使自己相信他们特别喜欢选中的物品，以此来为自己的行动辩护。实验结果证明了这一理论：突然之间，实验参与者对他们所选物品表现出的喜爱度猛增。

在另一个实验中，实验人员离开实验室，来到赛马场上。他们随机选取了一组即将下注的人，让他们猜猜自己选择的马赢得比赛的概率。一般来说，人们会说他们的马挺有机会赢。然后，实验参与者问另一组刚刚下过注的人相同的问题。根据传统理论，人们在下注前和下注后的自信程度应该大体一致。但是，"表现"原理则认为，人们会不自觉地想"好吧，我自己刚刚下了注，所以我肯定相信我选的那匹马会赢"。因此，他们会对他们的决定更加有信心。实验人员发现，刚刚递交投注单的人认为他们选择的马极有可能第一个冲过终点。

温暖的力量

　　很久之前，我们就会把温暖这种感觉和安全感（想想"拥抱"以及"火焰"）联系在一起，把寒冷和不友好（想想"受到冷落"或者"冷酷的眼神"）联系在一起。受到这一启发，西北大学的心理学家钟晨波决定研究：是否被拒之门外真的能让人感到一丝凉意。比如说，在一个实验中，钟晨波让一些人聚在一起，让其中一半人回忆之前的人生中被别人拒绝的经历，让另一半人回忆他们被别人接受的经历。然后，他让所有人都估计一下他们所处屋子的温度。结果很明显，比起那些回忆自己被别人接受的一半人来说，只要想想之前曾经落单的经历，另一半的人就会觉得房间冷得多。孤独确实会使人感觉更冷。钟晨波觉得，温暖与社会融入感之间的联系是人们在生命早期阶段就形成的，那时，孩子们受到父母的拥抱，感到了心灵上的归属感和身体上的温暖感。

　　鉴于孤独的人感到特别冷，根据"表现"原理，使人暖和起来就能让人感觉周围的人更加友好。科罗拉多大学心理学家劳伦斯·威廉姆斯进行了一个相关的研究，证明事实确实如此。威廉姆斯做了一个实验，实验中他给参与者一杯热咖啡或一杯冷饮，然后让他们阅读一段对于一个陌生人的描述，并让他们评价这个陌生人的性格。比起捧着冷饮的人，捧着热咖啡的人认为这个陌生人更加友好。

这个实验的含义是相当明显的：如果你想对某人表示友好，不要让对方在冷冷的吧台喝鸡尾酒；相反，在融融的炉火边一起喝一杯冒着热气的茶吧。

　　其他许多情境下也会出现同样的现象。比如说，想象一下，你要去买一件冬季外套，看到了一整排不错的衣服，你花了几个小时决定要买哪一件。然后，一旦你将信用卡递给收银员，你就开始为自己的行为正名，想出各种各样的理由证明你选择的那件外套比起其他外套明显好得多。很快，你的行为使你形成了一种新的看法，你确信自己做出了正确的选择。不幸的是，这一结果会引发过度的自信，使政客们固执地坚持失败的政策、企业坚持推广不受欢迎的产品、投资者支持不好的创业项目。

　　"表现"原理不仅仅告诉我们做出某种行为如何能够使人过度自信，它还解释了当决定做某种内心深处不愿意去做的事情时，人们的奇怪表现。

　　20 世纪 60 年代，美国杜克大学的心理学家杰克·布雷姆做了一项研究，探索是否能够应用"表现"原理改变孩子们对蔬菜的看法。布雷姆首先给孩子们一大列蔬菜的名字，让他们按照喜爱程度给这些蔬菜打分。几周后，他对孩子们说，他很想知道当他们尝过蔬菜后他们的观点会不会改变，并问他们是否介意尝尝几种随机选择的蔬菜。事实上，这些蔬菜可不是随机选择的；相反，布雷姆到市场上买回了孩子们最不喜欢吃的蔬菜，并要他们未来几周内每周吃三份这种蔬菜。一个月后，布雷姆追踪调查了这些儿童，给他们一个长长的蔬菜清单，让他们重新根据喜爱程度给蔬菜打分。根据"表现"原理，孩子们吃过这些蔬菜后，应该会相信他们其实还挺喜欢吃这种蔬菜的，以此使自己的行为合理起来。事实也确实如此。布雷姆的实验结果非常明显：让人们去做他们不喜欢做的事情，他们往往最终说服自己那件事情其实不坏，以此为自己做辩护。

这一有趣的现象解释了为何立法往往会使公众意见产生巨大转变。当英国下令禁止在公共场所吸烟后，许多烟民发现自己很难再在公共场合点起烟来，因此也采取了一种反对吸烟的态度。同样，英国政府立法要求驾车必须系安全带后，民意调查显示许多人开始相信系安全带是一个好主意。在以上情况中，正如"表现"原理预测的那样，人们的行为使他们持有某种信念。

然而，尽管其中一些改变是正面的，它也可能会带来痛苦和灾难。

几年前，俄亥俄州州立大学的心理学家大卫·格拉斯做了一个著名的实验。格拉斯请一些人每次一个来到自己的实验室，向他们介绍另一个实验参与者（其实是个在实验室工作的托儿）。实验参与者和托儿一起交谈几分钟，然后要回答几个关于这位新朋友的问题，包括他是否会让这个新朋友进入自己的密友圈，以及是否愿意与这位新朋友合租公寓。

然后，根据社会心理学实验的一项悠久的传统，实验人员向参与者介绍，他们要参加一个研究，其中一个人要学习一长串单词，而另一个人则要在那个人每次犯错时电击他一下。实验人员用抛硬币的方式对两人的任务进行了分配。正如你猜到的一样，真正的实验参与者要实施电击。此后，实验参与者进入一个内有电击操控装置的房间，而那个托儿则进入了相邻的房间。

两个房间有对讲机相连，因此实验参与者能听到托儿发出的声音。每次托儿犯错时（他们犯错的频率相当高），实验参与者都认为自己对其实施了100伏的电击（事实上，机器并没有连接上，而托儿正坐在隔壁房间吃着三明治）。

几次电击后，实验人员问实验参与者他们对自己的所作所为感觉如何，并且让他们再次衡量一下对托儿的喜爱程度。他们可能会认为他们自己是坏人，或者认为自己遵守了别人的指令。然而，大部分的实验参与者不愿意把自己想成坏人，相反，他们会说托儿不是个好人，理应受到电击，以此为自己的行为开脱。正如"表现"原理预计的一样，实验参与者根据他们的行为形成了一种新的信念。在这种情况下，他们表现得好像自己不喜欢对方一样，因此最终相信那个人挺讨厌的，理应受到惩罚。

这个部分开始时，我描述了美国士兵如何虐待伊拉克阿布格雷布监狱中的战俘。格拉斯的研究显示，"表现"原理可以解释这种暴行。当高度自尊的监狱守卫对犯人实施了一点点非法的惩罚措施后，他可能会让自己相信这个犯人是个坏人，理应受到如此对待。这可能会导致守卫相信他们即使对囚犯进行更进一步的虐待也是合理的。如此恶性循环下去，他又会相信囚犯理应受到更严重的虐待。如果这个过程没有受到及时制止，它渐渐就会导致情况更加恶化，脱离人的控制，最终导致阿布格雷布监狱中骇人听闻的暴行。

幸运的是，并不是所有的研究"表现"原理对人思想影响的实验都如此阴暗。从更积极的角度来看，其他的研究显示了这一原理还能帮人们维系感情，甚至挽救生命。

魅力、同情心，和"表现"原理

　　你同意以下说法吗？请从1（强烈反对）到5（非常同意）给以下
说法打分。

1. 我经常伴着音乐踮脚。　　　　　　　　　　 1 2 3 4 5

2. 看到别人孤独时我会感到难过。　　　　　　 1 2 3 4 5

3. 我喜欢拥抱别人。　　　　　　　　　　　　 1 2 3 4 5

4. 我非常关心小动物。　　　　　　　　　　　 1 2 3 4 5

5. 我能很轻松地把别人逗笑。　　　　　　　　 1 2 3 4 5

6. 如果身边人紧张，我会很快变得焦虑。　　　 1 2 3 4 5

7. 我能轻易捕捉到别人的目光。　　　　　　　 1 2 3 4 5

8. 我看浪漫电影或听爱情歌曲时会哭。　　　　 1 2 3 4 5

9. 我常被人称作派对的灵魂。　　　　　　　　 1 2 3 4 5

10. 我喜欢送人礼物，并且看着他们打开礼物。　 1 2 3 4 5

如果要人想一个富有魅力的人物，许多人会想到马丁·路德·金、曼德拉、肯尼迪、奥巴马等。然而，如果让他们解释这些人身上有什么神秘的元素，他们却很难对这一难捉摸的品质进行界定。

我们都会模仿身边人的面部表情以及身体语言。这一过程是在无意识中自发进行的，只需要一眨眼的工夫。当你看到别人微笑的时候，你的嘴角也会开始上扬。同样，如果你看到别人皱眉，你的眉毛也会开始皱缩。这一过程使一个人的情绪传染给另一个人，能够引发内部同理心和凝聚力的产生。

有些人天生善于运用自己的面部表情、身体语言以及声音来激发别人的情绪。加利福尼亚大学的心理学家霍华德·弗里德曼做过一个实验，结果显示这样的人往往被认为极富魅力。这些人能够使周围的人感受到与他们一样的热情以及能量，经常能够使某种情绪在人群中迅速传播开来。如此，整个屋子的人都感到活力四射，每个人都感受到了强烈的情绪。像这样有魅力的人，他们超越了一般的劝导这个环节，直接引人感受而不是思考，因此他们的话能直接说进别人的心中。

类似地，其他人可能特别善于捕捉别人的情绪。在一个实验中，瑞典乌普塞拉大学的派·安德森首先让一组实验参与者衡量自己的同感能力。然后他向他们出示一组照片，照片上的人或者快乐，或者愤怒。那些同感能力强的人看到快乐的面庞时，他们嘴角的肌肉也会猛然上移。相反，那些认为自己同感能力很弱的人几乎没有什么反应。同样，当那些同感能力强的人看到悲伤或者生气的面庞时，他们的眼神立马黯淡下来；而同感能力低的人则无动于衷。通过表现得仿佛自己也感受到了周围人的情绪，那些同感能力强的人真的能够感到别人的痛苦或愉快。

开头的问卷旨在帮助你衡量自己发送、接收情绪的能力。你的魅力指数，请将奇数号题目（1、3、5、7、9）的得分相加；你的同感指数，请将偶数号题目（2、4、6、8、10）的得分相加。

魅力指数：

5~15分：低　　16~25分：高

同感指数：

5~15分：低　　16~25分：高

5. 行为影响人际关系

穆扎费尔·谢里夫 1906 年生于土耳其。十几岁时，他目击了希腊士兵在希土战争中的暴行。看到无辜的土耳其平民被劫虐甚至杀害，谢里夫感到非常震惊，他想要搞明白为什么人类竟然会做出如此野蛮之事。他参加了心理学的学习，并且移民到美国并在哈佛大学继续学业。最终，他取得了事业上的成功。

在美国期间，他进行了一项引起热议的实验，试图解释童年时期他目击的种种罪行。其中，他不经意间做的一个实验给人留下了深刻的印象。在这个实验中，他验证了"表现"原理是否能够使人们在感情上更加亲近。

谢里夫首先需要找到毫无戒心的志愿者参与到这场实验中来。他在几个学校的操场上转悠，偷偷观察那些 12 岁的男孩。他密切关注着那些心理状况稳定、受欢迎、智力普通的男孩。一旦他发现一个男孩符合这个标准，他就赶忙去查看那个男孩的在校记录，以确保该男孩平日脾气并不暴躁并且出席情况良好。过了一段时间以后，他已经找到了一些男孩子，然后进入了下一个挑选环节。谢里夫与孩子的家长见面，向他们解释他想要做怎样的实验，问他们是否愿意让自己的孩子参加一个为期三周的心理学实验。最终他找到了 22 个男孩子。这些孩子中没人知道自己将要参加一个实验项目。相反，他们以为自己是被选去参加一个夏令营。

然后，谢里夫需要创造一个小天地，以方便他操控并监视这些精心挑选的男孩。在对一些地方进行实地考察后，他最终在俄克拉何马州找到了一个废弃的国家公园。该公园距离最近的市镇超过 40 英里，内含一个 200 英亩的林地。这个公园远离尘嚣，是谢里夫进行实验的最理想的地方。

公园中有两个分开的营地，由一片浓密的森林掩映着。每个营地都有小木屋、餐厅、泳池，以及小湖。并且，两个营地共享一个大棒球场。

谢里夫随机将男孩们分成两组，并设法确保这两个组相互之间并不知道对方的存在。然后，他让其中一组住到第一个营地，另一组住到第二个营地。

在整个实验中，谢里夫都充当了公园管理员的角色，而他的实验团队则是夏令营协管员。尽管他们表现得仿佛对发生的事情漠不关心，但实际上，谢里夫和他的团队对孩子们的日常表现进行了大量的记录，偷偷录下他们的谈话并且拍下了上千张照片。

实验开始阶段，谢里夫想要让两组男孩都形成紧密的内部联系，因此安排他们参加了大量的团队活动，比如远足、棒球、游泳等。他还让男孩们为自己的团队想出一个名字，并制作一面旗帜。其中一组自称"响尾蛇"，而一组则自称"老鹰"。

谢里夫的计划达到了预期的效果。仅仅几天后，22 个彼此陌生的男孩子就组成了两个联系紧密的团队。谢里夫对此非常满意，因此进入实验的下一个环节：试着制造仇恨。

在某一天的早上，实验人员事先商量好，告诉"响尾蛇"营地里还存在着"老鹰"这个团队，告诉"老鹰"营地里还有"响尾蛇"。两组男孩子都很喜欢玩棒球，并且他们都认为棒球场归他们独享，是他们的领地。

研究人员决定利用这一情况在两个队伍之间制造竞争关系。因此，他们告诉"老鹰"，"响尾蛇"也在使用棒球场，反之亦如是。这两个队伍都感觉受到了威胁，声称他们想在某种竞争中挑战另一个团队。研究人员决定组织一场拔河比赛或者一场棒球比赛，为获奖团队颁发奖章和奖杯。

　　第二天，两个团队都同意进行一场棒球比赛。从一开始，这场比赛就充满了火药味。"老鹰"挥舞着旗帜来到棒球场，并且唱起有点威胁意味的主题曲。并且，几乎是比赛一开始，"老鹰"的队员就开始大喊："我们的投手比你们的好。"这使得"响尾蛇"开始漫骂对方。"胖子""胖墩儿"这样的称呼惹怒了"老鹰"，他们掏出火柴把"响尾蛇"的旗帜给烧了。"响尾蛇"当然不会服输，他们决定回到自己的营地，对"老鹰"的营地发动袭击。

　　晚上10点30分，"响尾蛇"把脸和胳膊涂黑，对"老鹰"的营地发动突击。几分钟后，"老鹰"的床被推翻、蚊帐被从窗户上扯下来，他们从睡梦中惊醒过来。他们感到非常愤怒，于是决定当晚晚些时候发动一场回击。但是，实验人员发现"老鹰"准备以石头做武器，因此制止了这场袭击。"老鹰"非常足智多谋，同意取消晚上的袭击，但是决定明早发动一场报复性袭击。他们挥着棍子和球拍，对"响尾蛇"的营地进行了洗劫，然后回到自己的营地，往袜子里装满石头，以应对可能的回击。

　　仅仅几天之后，曾经安静祥和的营地俨然变成了威廉·戈尔丁[①]的小说《蝇王》中的恐怖场景。谢里夫之前对男孩们的选择过程非常严密，

---

　　① 威廉·戈尔丁（1911—1993），英国小说家、诗人，1983年诺贝尔文学奖得主。

因此可以排除男孩子们精神变态的可能性。但是，他后来说道，如果有人在实验的那个阶段观察这两个团队的表现，他们会认为这是一群"邪恶、暴躁、凶残的少年"。

这一戏剧性的转变是怎么发生的呢？谢里夫的实验旨在证明，在某些情况下，镇定、正常的人是否也会表现得非常富有攻击性。实验开始前他曾经研究过希腊军队在入侵土耳其时采取的暴行，得出结论：侵略之所以会如此残暴，主要是因为战争双方都有很强的民族认同感，并且在争取有限的资源。为了验证自己的假设，谢里夫在实验中制造了相同的情况，只是规模小得多：他让孩子们先分别建立紧密的联系，然后让他们争取同一个排球场。情况乱成一团，并且很快升级成为一系列的报复性行为。谢里夫认为，不管争端是关于土地、权力、金钱还是工作，事态会迅速演变成两个团队之间的对立。

实验引发的敌对情绪和攻击行为让谢里夫开始感到不安，于是他决定进入实验的最后一个阶段：尝试制造亲密的关系。

这个试验阶段之初，实验人员让男孩子们描述自己团队的每个成员以及对方团队的成员。孩子们倾向于认为自己团队的人勇敢、坚强，而对方团队的人狡猾、卑鄙。

谢里夫一开始想要看看如果对孩子们进行信息轰炸，他们是否能够改变对彼此的看法。因此，他让这两个团队都参加周日的宗教活动，让牧师在布道中有针对性地提倡宽容、合作以及兄弟之爱。男孩们静静地离开教堂，几分钟之后就开始计划对对方发动新一轮进攻。

因此，信息轰炸法失败了。谢里夫采取了另一种方法，试着让他们互相帮助，探索这种行为的影响。

当人们觉得彼此关系密切时，他们往往会行动一致。宗教信仰相同的人会一起祷告，军队齐步走向前进发，球迷们为自己的队伍欢呼，参加政治集会的人为演讲而鼓掌。但是，表现得像是团队成员一样能否把人们联系在一起呢？

为了找到问题的答案，谢里夫制造了一些假的紧急情况，鼓励"响尾蛇"和"老鹰"并肩战斗、共同努力。一次，实验人员告诉两个团队，有人破坏了他们的水源，他们需要共同努力来解决这个问题。实际上，根本就没有什么破坏者，是实验人员自己将两块大石头放在水源地制造了这场危机。两个队伍意识到他们都要喝水，因此共同努力搬开两块石头。

另一次，一个"夏令营工作人员"（其实是实验团队成员）决定开车到最近的城镇为两个团队买点好吃的回来。结果，卡车突然发生了故障，"响尾蛇"和"老鹰"不得不通力合作，帮助把卡车发动起来。

结果是显著的。仅仅几天之后，"老鹰"和"响尾蛇"之间的仇恨就烟消云散了，两个团队开始亲近起来。夏令营的最后一夜，一个"老鹰"成员拿出自己的夏威夷四弦琴，为"响尾蛇"队员们演奏了美妙的乐曲。作为回报，一个"响尾蛇"模仿了唐老鸭，据谢里夫称"……该节目极受好评"。

谢里夫的实验中最后一个阶段的结果显示，"表现"原理能够令人对彼此更加认可。通过让"老鹰"和"响尾蛇"合作，他使双方对彼此产生了更为积极的看法。

受到此类实验的启发，一名研究人员开始探索是否可以在现实生活中利用相同的原理，使孩子们更加亲近。

现在，团结起来

想要让一个团队迅速形成密切的关系，并且怀有同样的使命，就让他们一致行动起来吧。

几年前，斯坦福大学的司各特·维特穆斯以及车普·希斯让学生们三个人一组聚集起来。他们让其中一些组的学生正常地在校园散步，而让另一些组的学生则形成一个小型军队，按照同样的路线齐步行进。

在实验的另一部分，一些组的学生听国歌，而另一些组的学生则伴着音乐合唱或舞动。然后，实验人员让学生们玩棋类游戏，其中他们可以选择是帮助对方还是妨碍对方。那些齐步走路以及同声唱歌的人很快就与同组的其他人关系密切起来，因此在游戏中更愿意帮助彼此。

关系密切的人经常行动一致。同样，行动一致也能够帮助人们关系密切起来。

"拼图"先生

20世纪70年代初，得克萨斯大学的心理学家艾略特·阿伦森收到了当地一所学校的管理者的求助。这位管理者告诉他，奥斯丁市的很多学校近期都废除了种族隔离，因此，拥有不同种族背景的学生们首次同堂上课。不幸的是，不同种族的学生对彼此存在着根深蒂固的怀疑以及不信赖，这使得学校氛围相当不友好，甚至引发了暴力事件。

学校管理者向阿伦森求助，希望他能够找到一个办法解决这一问题。阿伦森参观了几所学校，发现大部分学校都在学生之间营造了一种激烈的竞争氛围。正如谢里夫在实验中在"老鹰"和"响尾蛇"之间营造了一种争夺棒球场所有权的竞争冲突，学校的老师们不自觉地鼓励班级学生互相竞争，以获得好成绩。注意到谢里夫在实验里让男孩子们通力合作时取得的巨大成功，阿伦森发明了一种新的学习方法，这种学习方法被称为"拼图法"。

想象一下，老师想让学生们学习马丁·路德·金的生平以及理念。一开始，他把学生每5个或6个人分成一小组，确保每个组中学生性别、种族、能力各异。然后，老师将课程内容分成不同的部分。比如说，如果说要学习马丁·路德·金，老师会把学习内容分为童年时代、其他伟人对他的影响、早期抗议活动、掌权情况、遇袭事件，以及政治遗产。

小组中每个学生只需要学习其中的一个部分。过了一段时间，在他们获取相关信息和知识后，老师重新安排学生分组，让之前学习同一内容的学生们坐在一起。新组中，每个成员都要说说他们学到了什么。比如说，其中一个小组中，学生们会分享他们对马丁·路德·金早期生活的了解，而另一组则讨论他的政治遗产。讨论结束后，学生们回到原来的组中，向本组同学展示自己的所学。课程结束后，老师组织一次小测验，让学生们以此了解自己学到了什么、没学到什么。

阿伦森将"拼图法"介绍到了随机选取的一些班级中。尽管这些班级中的学生只花了很少的时间使用这种学习方法，但是他们很快就消除了对彼此的偏见，变得更加自信起来。不仅如此，使用这种学习方法，旷课率明显下降，学生的期末成绩也有所提高。

在其影响深远的社会心理学著作《社会性动物》中，阿伦森介绍了"拼图法"对一个墨西哥裔美国男孩卡洛斯的影响。实验时，卡洛斯的英语说得不好，并且他之前多年都在劣等的、种族隔离的学校学习，因此感到非常的害羞、缺乏安全感。使用"拼图法"学习时，卡洛斯不得不对他的组员说话。当他磕磕巴巴地念完材料，其他组员开始嘲笑他。阿伦森手下的一个实验人员注意到了这一点，她引导学生们将注意力转移到合作上来，指出如果他们想要在即将到来的考试中取得好成绩，他们就必须帮助卡洛斯。几周后，卡洛斯的队员们俨然变身成为经验丰富的主考官，他们提出有价值的问题，引导卡洛斯说出明确的答案。简单说来，这些学生通过表现得仿佛他们喜欢卡洛斯一样，便使得卡洛斯自信心增强，表现也有所进步。

许多年后，卡洛斯看到了阿伦森的书并认出了他。当卡洛斯被哈佛大学法学院录取后，他追忆了阿伦森来访学校的场景（"你长得很高……留着黑色的络腮胡，非常幽默，逗得所有人哈哈大笑"）。并且，他回忆起"拼图法"如何将敌人变成朋友。在信的最后一段，卡洛斯解释了为何自己要写信给阿伦森：

我妈妈告诉我，我出生时差点死掉。我在家里出生，出生时脐带缠住了我的脖子。当时，是接生婆给我进行了人工呼吸，救了我一命。如果她还活着，我也会给她写信的。但是，几年前她去世了。我之所以给你写信，是因为就像她一样，你也拯救了我的生命。

第六章
行为改变自我

教你如何变得更加自信，改变性格，延缓衰老……

"没有人可以长期保持人前一面、人后一面而不相互混淆。"

——纳撒尼尔·霍桑

1. 行为能改变性格吗

想象一下，你要去参加一场面试，面试官让你总结一下自己的性格特点，将其用三个词表示。你会说什么呢？比如说，你会将自己形容为外向还是内向、有创造力还是脚踏实地、有进取心还是闲适悠然？如果面试官问你是什么造就了现在的你，你会怎么回答？比方说，你拥有现在的性格，是因为基因遗传、儿时经历，还是成年后发生的事件？

世界上许多伟大的思想家都在试着解答这些问题。维多利亚时代的科学家弗朗西斯·高尔登爵士相信，通过仔细研究颅骨的突起以及鼻子的形状，我们就能确定别人的性格。西格蒙得·弗洛伊德则认为高尔登的方法很奇怪；相反，他提出，人的性格由其童年时获得乐趣的身体孔洞决定（因此有了"口型人"以及"肛型人"之说）。心理学家卡尔·荣格则相信，高尔登和弗洛伊德都说错了，身份其实是由人出生时的天体星位决定（荣格是狮子座的人，因此天生容易想出傻主意）。

毫不奇怪，大部分的当代心理学家不会将人的性格按照颅骨的突起、身体的孔洞、星座分类。相反，他们会考察你的主要性格特质。

几千年前，杰出的希腊哲学家希波克拉底有两个有趣的想法。首先，他建议所有的医生都许下所谓的"希波克拉底誓言"，发誓自己会一直从患者的利益出发，服务患者（除非钱很多）。其次，他推测，人体内血液、黏液、黑胆汁、黄胆汁含量的不同会促使人们形成以下四个性格之一："忧郁质"（焦虑的内向者）、"冷静质"（放松的内向者）、"乐天质"（放松的外向者）、"暴躁质"（焦虑的外向者）。尽管希波克拉底关于体液的思想很快就失宠了，但是这种试着将看似复杂的性格以简单的方式归类的方法却经住了时间的考验。

20 世纪 30 年代，哈佛心理学家戈登·奥尔波特看到了希波克拉底的作品，想要知道是否能够用科学的方法揭开性格结构之谜。奥尔波特不辞辛劳地查遍字典，记下其中所有可以用来形容性格的词语。记下了差不多 4 000 个词后，奥尔波特实在受不了了，将这个工作交给了他的同事雷蒙德·卡特尔。卡特尔仔细研究了奥尔波特记下的所有词语，排除掉了所有表示同一种性格的词汇。最后，卡特尔列出了一张含有 170 个核心词的性格词汇单。

几个研究团队让成千上万的人用以上这些词来衡量自己的性格，然后使用复杂的统计方法"因素分析法"分析答案的数据结构。结果显示，希波克拉底将人们的性格归为四类的方法是错误的。其实，人的性格有几个不同的方面，每个人都有几种不同的性格。比方说，人们不仅仅是"外向"或"内向"的；其实，在一个极端"太好了，有派对！"和另一个极端"天啊，我宁愿待在家里看看书"之间，存在着一个递进的序列。每种基本的性格方面都被称作性格"特点"。

此后 50 多年，心理学家们一直进行争论，探讨到底我们需要多少性格"特点"才能充分描述一个人的性格。比方说，卡特尔相信有 16 种核心性格特点，而英国心理学家汉斯·艾森克则认为只有 3 种性格特点。

20 世纪 90 年代初，大部分实验人员同意采取折中的方法，认为有以下几种基本性格方面："开放性"（渴望新的不同的体验）、"责任感"（组织能力和自律性）、"外向性"（需要来自外部世界以及其他人的刺激）、"宜人性"（关怀他人）、"神经质"（情绪不稳定）、"数学盲"（在最基本的数学问题上遇到困难）。

许多研究人员相信你在以上几种性格方面的得分部分归因于你的基因构成。就让我们以内向 - 外向这个性格方面来说，根据传统的性格理论，就像电视机首次打开后会有一些预置的电视台，DNA 决定人的大脑中含有一定量预置的激素。如果你是内向的人，那么你的大脑本身就很兴奋，所以你要避免那些能使其更加兴奋的场合。因此，不管你处于怎样的情况下，你都会尽力避免明亮的光线以及拥挤喧闹的人群，并特别容易被阅读和安静聊天等安静的活动吸引。如果你是个外向的人，那么你的大脑中预置的激素水平就比较低，因此你需要不断有东西刺激你自己。因此，不论你处在什么样的条件下，你都会被参与人数众多的刺激性活动或者冒险活动、冲动行为吸引。

这一观点认为，人的性格是人脑中预置的，会让你在许多不同的情况下做出同样的行为，此生不会改变。尽管这听起来挺合理的，但事实却并非如此。

心理学家们研究，在性格的作用下，人们在不同的情况下是否会表现出相同的行为模式。比如说，在一项研究中，实验人员请夏令营的辅导员偷偷记录下男孩子们外向表现（如吃饭时说话、寻求关注、发起谈话等）的不同程度。研究人员仔细研究了这些数据，比较了男孩们在奇数天和偶数天的外向表现。根据"性格决定行为"理论，男孩子们的行为一致度应该很高：外向的人一直谈笑风生，内向的人一直躲在角落。然而，事实上，实验结果并没有证明这种一致性的存在。男孩子们可能在某一天精力充沛、说个不停，而在另一天却非常安静、孤独内向。

在另一个实验中，心理学家们参观了几所学校，创造了几种非常真实的情境，以测验在校学生的诚实度。研究小组给了孩子们一个机会，偷"落"在桌子上的钱、撒谎，甚至让他们篡改考试成绩。每一次，他们都偷偷记录孩子们的表现，并将其与其他情境下的表现进行比较。根据"性格决定行为"理论，不诚实的孩子可能会偷钱、撒谎、作弊。但是实验结果却并非如此。孩子可能在一种情境下表现得不诚实，但是在另一种情境下却表现得很好。

一些实验人员对"性格决定行为"这一理念不再抱有希望，开始探索一种完全不同的理论。

在前面几章，我介绍了大量的实验，证明了行为如何导致情绪、思想、意志力的产生。微笑一下，你就会感到更快乐；握起手来，你会发现对方更具吸引力；绷紧肌肉，你会更有自制力。受到这些实验的启发，一些研究人员想要探索是否可以用同样的模式解释人类行为和性格的关系。也许，并非性格以某种特定方式决定行为，而是行为导致产生某种特定的性格？

> **根据常识，因果关系如下：**
>
> 外向的性格 → 外向的行为
>
> **根据"表现"原理，实际情况如下：**
>
> 外向的行为 → 外向的性格

如果这个颠覆性的性格理论是正确的，那么你就有可能随心所欲改变你的性格。比方说，你可以通过改变自己的行为方式，迅速变得不那么具有攻击性，变得更加亲切、自信。

过去 40 年间，研究人员验证了是否"表现"原理真的能够使你感觉自己是一个新的自我。我们的现实版"皮格马利翁"之旅开始于一个不同寻常的实验，这个实验需要用到一套砝码以及几只蚯蚓。

2. 如何变得更自信

你相信自己的判断吗？当别人质疑你的决定时，你还相信自己的判断吗？你能忘掉自己犯的错误，并且不长时间担心未来吗？你是否认为自己在大部分情况下都会做得不错？如果对所有的问题你的回答都是"是"，那么你就是一个非常有自信心和自尊心的人。如果你的答案里有几个"不"，那么你可能就有点缺乏信心了。

根据传统的"性格决定行为"理论，自尊心不强有几个弊端，包括鼓励人们忍受蒙羞丢脸、有辱人格的行为。然而，"表现"原理却颠覆了这一理念。根据"表现"原理，不是低自尊导致人们忍受有辱人格的经历，而是参与有辱人格的活动打击了人的自尊心。心理学家詹姆斯·莱尔德对此进行了研究，以证明这一观点是否属实。

第一章中，我介绍过，莱尔德进行了第一个验证"表现"原理的实验，发现微笑使人感到快乐。受到这个实验结果的激发，莱尔德将其学术生涯的大部分时间和精力投入对于"表现"原理的探索中来。

想象一下，你签订协议，要参加莱尔德的一项实验。你来到实验室，填写了一份关于自尊心的调查问卷。然后实验人员把你带到另一间屋子中，让你坐在一张小桌子边。在桌子上有些厨房秤砝码、一把刀子、一把叉子，以及一只活的蚯蚓。实验人员跟你说，你要在以下两项任务中完成一项：一、举起每个厨房秤砝码；二、切开虫子并吃掉它。

然后，实验人员掷硬币，告诉你很不幸你的任务是吃虫子。你看着眼前蠕动的虫子，愣了一会儿。这时，实验人员在你吃掉虫子之前，让你完成了第二份关于自尊心的调查问卷。

这个实验设计巧妙，旨在发现是否可以将"表现"原理应用于自尊心方面。莱尔德认为，如果人们发现自己要做一件降低身份、有辱自尊的事情时（也就是说，表现得不自尊时），他们很可能会认为他们自己确实自尊心不强。正如他预期的一样，那些吃虫子的人自尊心崩溃了。正如微笑使人感到快乐一样，做出有辱人格的行为打击了他们的自尊心。

但是，实验并没有就此结束。想象一下，当你填完第二份问卷，马上就要举起刀叉开始吃虫时，实验人员急忙走过来，告诉你他搞错了，你应该有权利自己选择要完成哪一样任务。这时，你是否会选择继续吃虫呢？还是会转而完成另一项任务？

莱尔德知道自尊心不强的人经常认为他们理应碰到不好的遭遇。因此，他想要验证，是否实验室里激发的低自尊心会改变人们的行为。实验参与者中，之前分配到举砝码任务的人中，没有人将自己的任务换为吃虫子。然而，那些之前分配到吃虫子任务的人中，竟然只有20%的人将自己的任务换为举砝码。尽管这些人现在有机会换成更轻松愉快的任务，实验激发的低自尊使其中的大部分人选择继续吃虫（不过，就在他们准备吃虫时，实验人员冲过来停止了这项实验）。

莱尔德的研究结果发表以后，许多心理学家对这一实验方法提出了质疑，认为也许这些实验参与者深知实验人员不会让他们真的吃虫，因此只是在进行角色扮演。结果，其他实验人员也再次进行了这一实验，但是这一次使用了大型可食用毛虫作为道具。在这一实验中，实验参与者真的吃掉了虫子，实验结果验证了莱尔德之前的发现。

这就解释了为什么许多惨遭不幸的人在事后经常会自尊心受挫，甚至会责怪自己；偶然遭遇暴力袭击的受害者经常会觉得是他们自己招来了别人的袭击；身患绝症的病人往往认为是他们之前做了什么错事招致这样的命运。正如"表现"原理所示，他们的自我认同感受到了之前遭遇的不幸事件的直接影响。

不幸的是，一旦这一模式开启，它就会继续发展下去。自尊心不强的人遭遇到更加不幸的事件，而这反过来又更加打击了他们的自尊心。

不过，好消息是，根据这一原理，我们也可以迅速提高自尊心和自信心。

强有力的姿势

现在有许多帮助人们提高自尊心的课程，它们都基于以下理念设计而来：人们之所以不自尊不自信，是因为他们对自己的看法有问题。因此，这些课程往往鼓励参与者将注意力集中在过去生活中他们取得的成功上，或者让他们想象自己变得更加果断、自信。相反，"表现"原理认为，让人们改变自己的行为，这种方法会更加快捷有效。

在一个早期研究中，实验人员召集了一批实验参与者，表面上让他们帮忙研究一种新发明的塑料眼镜对人感知能力的影响。实验参与者分为两组，他们要做一套一模一样的智商、性格测试。其中一半的人像往常一样完成测试，而另一半人则要戴上配有镜片的眼镜。由于我们经常把眼镜和智慧联系在一起，因此实验人员推测，只要让人戴上眼镜，他们就会突然感觉自己更加聪明自信了。事实上，他们想得没错：两组实验参与者的智力测试成绩没什么不同，但是那些戴着眼镜的实验参与者认为他们自己性格更稳定、更有能力，并且更具学术气质。

接下来，是姿势问题。哥伦比亚大学的研究人员戴娜·卡尼知道，自信的人倾向于自我感觉良好、愿意冒险，他们体内睾丸激素（与人的控制力相关）含量高、皮质醇（与人的压力相关）含量低。卡尼因此想知道，如果要求一些人表现得更具控制力，会发生什么。为了找到问题的答案，卡尼及其同事组织了一批实验参与者，跟他们说要让他们帮忙评估一个新的心脏监控系统，然后把所有人分成两组。

其中一组的实验参与者要摆出强有力的姿势（见下页图）。其中，一些人坐在桌前，双脚跷起放在桌面上，挺胸抬头，双臂交错放在脑后；另一些人则在桌子后面站着，身体前倾，双手撑在桌子上。

另一组人则摆出两个与控制力毫无联系的姿势（见256页图）。其中，一些实验参与者坐着，双脚放在地面上，双手紧握放在膝盖上，眼睛看

着地面；而另一些则双臂、双腿交叉着站着。

实验参与者摆出以上姿势一分钟后，实验人员让他们评价一下自己的"强大""负责"指数。事实证明，姿势对人的自尊心有非常大的影响：做出强有力的姿势的人打分明显更高。但效果不只这样而已。

实验参与者接着做了一个快速的冒险测试。实验人员给了他们每人两美元，跟他们说他们可以自己留着这钱，或者用这钱作为猜硬币游戏的赌资。如果他们赢了，他们能够得到现有钱数的两倍，即四美元；但是如果他们输了，就得空手而归了。正符合"强有力的姿势使人更愿意冒险"这一假设，80% 摆出有力姿势的人参加了猜硬币游戏；另一组实验参与者中，只有 60% 参与了这个游戏。

实验的最后，研究人员将注意力转移到了实验参与者血管中流动的化学物质上。在实验参与者摆出实验姿势之前以及之后，研究人员让他

发现你的行动力

256

们嚼口香糖几分钟，以分泌更多的唾液。然后，研究人员让他们往试管里边吐唾沫。根据对试管中唾液的分析，研究人员发现，相比于双手放在膝上坐着的实验参与者，实验后，那些摆出强有力的姿势的人血液中睾丸激素水平明显更高、皮质醇水平明显较低。简单说来，实验参与者仅仅花了一分钟表现得仿佛自己更有控制力，就改变了他们身体中的化学成分。

最后，如果你没有时间摆出一个强有力的姿势，那么你就握紧拳头吧。心理学家托马斯·舒伯特让一组人评价自己的自信度，然后让他们握紧拳头几秒钟（假装在玩"剪刀石头布"），之后让他们再一次评价自己的自信程度。实验参与者的身体行为影响了他们的大脑：仅仅双手握拳几秒钟就让人自信心倍增。

提高自信心实验

要参与这个练习，你需要准备一支笔、一张纸，以及你的双手。

首先，从1（一点都不自信）到7（非常自信）为自己的自信指数打分。

然后，看看以下罗列的形容词，选择三个能反映你最好性格的词、三个能反映你最差性格的词。

忠诚　亲切　冷漠　雄心勃勃　不主动　偷偷摸摸

关心他人　无情　快乐　脾气暴躁　善解人意　粗心

善于合作　不愿合作　勇敢　粗鲁　优柔寡断

热情　冷淡　灵活　固执　不依不饶

专注　节俭　慷慨大方　善于感恩　努力　懒惰

诚实　不诚实　谦逊　自大　猜忌　不成熟

谦虚　乐观　悲观　守时　自信

缺乏安全感　真诚　没条理　自命不凡　浮夸

其次，用你的非惯用手慢慢写下自己刚才选出的三个不好的性格特点。

再次，用你的惯用手慢慢写下自己刚才选出的三个好的性格特点。

最后，从1（一点都不自信）到7（非常自信）再次为自己的自信指数打分。

这个练习做完后，你是不是感觉更加自信了呢？

这个练习根据马德里自治大学的心理学家帕布罗·布里诺的实验研究设计而成。布里诺告诉实验参与者，他们要参加一项对笔迹的研究，因此让他们用自己惯用手和非惯用手写下他们最好的和最差的性格特点。紧接着，他让实验参与者评价自己的自尊、自信程度。

实验人员知道，当实验参与者用非惯用手写字时，他们的笔迹会歪歪扭扭，因此表现得好像他们对所写词语并没有什么信心一样。因此，实验人员推测，使用非惯用手写出好的性格特点，会降低实验参与者的信心，而用非惯用手写出不好的性格特点，则会让他们觉得更加自信、积极。而实验结果也验证了这一观点。

如果你想快速、有效地提高自己的自信心，以上方法可以帮助你。

3. 着装隐含的能量

约翰·霍华德·格里芬的一生相当不平凡。他于1920年生于得克萨斯州，幼年来到欧洲，接受训练成为一名格里高利圣咏方面的音乐学者。第二次世界大战开始后，他参与了法国抵抗运动，帮忙将奥地利的犹太人偷偷运往安全的地方。战争结束后，他回到美国，成为一名调查记者，主要报道美国南部各州中非裔美国人的苦难生活。

他不仅仅报道种族主义问题，还开展了一个不同寻常的实验，以获得亲身经历。格里芬与一个出色的皮肤科医生密切合作，综合使用人工合成色素、药物、太阳灯治疗，使自己的皮肤变黑。皮肤变黑后，他还剃去了头发以及其他毛发。因此，在一般人看来，他就是一个非裔美国人。然后他有时乘坐公共汽车，有时搭车，游历美国南部各州，体会到了一个真正的非裔美国人日常感受到的隔离以及仇恨。

在他记录这一经历的畅销书中，格里芬记录了在皮肤变黑之后照镜子的经历，其中他生动描述了镜中影像对他自我感觉的影响：

我本来以为我自己是乔装的，但根本不是那么一回事。我被困在一个完全陌生的皮囊里，一个与我毫无血缘关系的无情的皮囊里……我看着镜子，镜中的影像丝毫没有白人约翰·格里芬的一丝影子。相反，镜中的影像让我想到了非洲、简易房、贫民区、对抗种族隔离的无用斗争……我篡改了神秘的自身存在，失去了自我。这让我感到震撼。之前的格里芬已经变成了隐形人。

通过改变自己的肤色，格里芬感觉自己变成了一个不同的人——在此前，他照镜子时看到的都是一个白种人。假设皮肤是他自我身份的重要部分，那么他就认为自己的背景、性格特点都与自己的样貌息息相关。在皮肤颜色改变之后，他看到自己就像一个非裔美国人一样，因此下意识地就用这个新样貌来构建了一种新的自我认同。仅仅几秒钟的时间内，他感受到了原有自我的摧毁，以及新的自我身份的形成。

大部分人都不可能追随格里芬的脚步，改变自己的肤色。但是，同样的原理也适用于一种更容易改变的东西——着装。我们经常通过着装对别人做出判断。如果你看到一个身着昂贵西装的男士，你会不自觉地认为他是一个成功人士，很有能力。如果同一个人穿着土耳其长衫或者花哨华丽的衬衫，你可能会觉得他富有创造力。碰到一个鞋子巨大不合脚、鼻头发红、裤子上带链的人，你知道自己该赶快躲得远远的。

这种认知上的不同促使我们采取不同的行动。例如，南布列塔尼大学的尼古拉斯·盖冈让男士们穿上便衣或者消防警察制服，然后在街上走近随机选择的 200 位女性。每一次，当他们眼神接触后，男士说出事先准备好的台词：

你好，我叫安东尼。我就是想对你说，我觉得你实在是太漂亮了。

我今天下午要去工作，不知道你能不能给我你的电话号码。我今天晚些时候给你打电话，我们可以一块儿喝一杯。

盖冈仔细分析了愿意给出电话号码的女性比例，发现制服起到了很大的作用。当男士们穿着便装时，只有 8% 的女性给出了自己的电话号码。然而，当同样的人穿上消防警察制服时，他们的成功率立马升至 22%。

在一个类似实验中，约翰·马歇尔·汤森让同样一组人穿上"汉堡王"制服或者一身时髦的西装，然后向女士们展示他们的照片，问她们是否愿意与照片中的男士发生关系。果然人靠衣装，女士们表示，她们更愿意与穿着西装而不是穿着"汉堡王"制服的人上床。

其他实验显示，即使是小小的一点改变，也能产生巨大的作用。在另一个实验中，心理学家装成超市调研员，走近不同的人，问他们是否愿意参加一个调查。其中一半的时候心理学家打着领带，另一半的时候没打领带。这一个小小的变化产生了巨大的影响，当他打领带时，90% 的人愿意参与调查，不打领带时则只有 30% 的人愿意。

就像衣着能够明显影响我们对别人的认知一样，是不是衣服也能够影响人们对自己的看法呢？大部分支持"性格决定行为"理论的人认为，人的自我感觉是多年来慢慢发展而来的，不会受到一件新衣服、一双新鞋这样的小事影响。相反，"表现"原理则认为，打扮成某一种人可以影响你的自我认同感。为了证明这个理论是否正确，康奈尔大学的马克·弗兰克进行了一系列有趣的研究。

弗兰克知道，人们倾向于认为穿黑衣服的人更权威、行为更有攻击性。因此，他想知道，是不是仅仅穿上黑色的衣服就能够改变人们的行为方式。幸运的是，研究所需数据是现成的。

他查阅了全美橄榄球联盟的数据，将穿黑色球服的队伍的数据与其他队伍相比较。他找到了 5 个队服颜色为黑色的队伍——包括洛杉矶突击者队（奥克兰突袭者队）、匹兹堡钢人队和辛辛那提猛虎队——研究他们在球场上的表现。

在美式橄榄球比赛中，违规将会受到惩罚，违规队伍要退后 5 码、10 码、15 码。弗兰克计算了每个队在比赛中退后的平均码数，发现了一个明显的规律：穿黑色球服的队伍比起其他队伍来，受罚后退的码数大得多，这表明他们在赛场上的行为格外具有攻击性。

受到这一发现的鼓舞，弗兰克继续研究了曲棍球联赛的数据，将黑色队服的队伍与其他队伍进行比较。在曲棍球比赛中，根据犯规严重度，犯规者会被罚下场 2 分钟、5 分钟、10 分钟。弗兰克发现队服为黑色的球员，被罚下场坐冷板凳的时间明显长得多。

曲棍球赛的数据还使弗兰克有机会对他的猜想进行一个特别的研究。两支队伍——匹兹堡企鹅队和温哥华加拿大人队——将球衣换成了黑色。"穿黑色使人变得有侵略性"的模式显现出来。在更换球衣颜色之前，两队的球员都较少坐冷板凳；然而更换球衣颜色之后，他们成了冷板凳上的常客。

大部分的研究人员可能研究到这里就差不多了。但是，弗兰克知道，其他研究人员会质疑他的想法，认为是黑色队服吸引了那些具有攻击性的人。解决问题的唯一方法是进行一个实验。他招募了一批自愿参与实验的志愿者，将他们随机分为两组。其中一组穿黑色，另一组穿白色。然后，两个组分别再被分为更小的队伍，实验人员给他们提供了许多不同的游戏，让他们自己选择。参与者们不知道的是，这些游戏都是根据攻击性特别选择的。其中一些游戏，例如"飞镖决斗"，非常具有攻击性；而另一些游戏则没那么激烈。比起身穿白色衣服的人，穿黑色衣服的人选择的游戏更具进攻性。

其他调查研究显示，这一效应远远不只黑与白那么简单。

阿肯色州立大学的罗布特·约翰逊做了另一个实验，他找来一批实验参与者，告诉他们，他们有机会对另一些人实施电击。实验人员解释，在电击之前，所有的实验参与者都要拍照，但是照片中他们的衣服是被遮住的。如何做到这一点呢？实验人员找来两种不同的外套。其中一半的实验参与者穿着与3K党制服类似的长袍，对此，实验工作人员咕哝着解释道："我不是裁缝——这个衣服只是看上去像3K党制服。"另一半人则穿着护士服。（"我很幸运地从医院借到这些护士服，用于实验研究。"）

实验的下一个阶段，工作人员告诉实验参与者，隔壁屋子里有一个人，正在学习一组新单词，当他犯错时，他们就可以对他实施电击。事实上，隔壁房间的人是个托儿，电击装置也完全是假的。当实验参与者听到隔壁屋子的人犯错时，他们可以选择提高或降低额定电击次数。正如"表现"原理预计的一样，穿得像3K党的人实施电击的次数比穿护士制服的人多得多。

同样的现象也发生在实验室外。1969年，加利福尼亚门洛帕克的警察决定试着将海军蓝色军事风格的制服换成更为轻松一点的衣服，以此改善社区关系。警察们穿上绿色夹克、褐色休闲裤、白色衬衫，系黑色领带，并且把枪藏在外套里边。这一消息很快传播开来，其他 400 多个美国警察局也决定参与这一实验，让警察穿上不那么正式的衣服。18 个月间，研究人员让警察完成了各种不同的测试，结果显示，脱掉象征权力的服装后，警察渐渐地接受了"公众服务者"这一新角色。与这种新的身份认同对应，与身着正装的警察相比，这些警察更少做出独裁的行为。在这一时期，警察造成的平民受伤事件下降了一半。

实验结果很明显——穿衣方式直接影响你对自己的判断。穿上黑衣服，你就变得专制、有攻击性；穿上舒服的衣服，你会变得更加宽容、乐于助人。多年来，心理学家建议人们在重要面试之前穿上套装和皮鞋，因为他们相信干净利落的服饰会给面试官留下好印象。但正如"表现"原理预计的一样，这样全副武装起来对面试者本身的影响可能更大更深远。穿上套装后，他们会觉得自己更加成功，这反过来促进他们表现得更出色。不仅仅是男人靠衣装，所有人，男人、女人、孩子都要靠衣装。

跳出传统思维

想要马上变成一个富有创造力的人吗？试试以下这两个部分的实验吧。

首先，请你试着想出尽可能多的铅笔的用法。比方说，你可以把铅笔当成魔术棒或木棍用。但是，在你写下你的答案之前，请在屋子里走一分钟，走的时候务必确保你的路线是方形或者箱形的（也就是说，你要走直线，并确保转角处为 90 度直角）。

现在，在以下横线上写下你想出的铅笔的其他用法：

_____

_____

_____

_____

_____

_____

在实验的第二部分中，请你试着想出尽可能多的纸的用法。比方说，你可以把纸折成一顶帽子或一块三角板。但是，在你写下答案之前，请在屋子里走一分钟，但是请确保你这次的路线比之前的路线更加曲折、多变（也就是说，不要走直线，而是随便走出任何你喜欢的形状）。

现在，在以下横线上写下你想出的纸的其他用法：

_____

_____

_____

_____

_____

_____

新加坡管理大学的安吉拉·梁及其同事曾经做过一个研究，指出行为会直接影响创造力水平。在其中一项实验中，研究人员让一些实验参与者坐在一个 5 英尺见方的盒子中，而另一些人则坐在盒子外。在另一项研究中，一些实验参与者在屋子中走直线，而另一些人则随便走曲线。如此之后，所有的实验参与者都要完成创意练习。那些坐在盒子外边以及行走路线自由的人创造力明显更强。

根据这一实验的结果，你应该会发现，想"纸"的其他用处比想"铅笔"的其他用处容易得多。想要创意迸发？不必去上昂贵的纵向思维课程。你需要的只是一场漫长、随性、曲折蜿蜒的漫步。

想要进一步激发创造力？试着表现得好像你很有创造力。撕下269~270 页的白纸，花点时间想象如何能把它变成一个艺术品。行动之前，阅读以下列表，看看它们是否合你心意。

创造性地把这张纸用来……

……裁成地平线的剪影或者人的剪影

……折成箱子或建筑模型

……在纸上随意涂画，然后把它们变成一幅画

……拧成一个雕塑

……在书中做一个"弹簧"装置

……制造一个有趣的阴影

……临摹一张名画或者艺术品

……制成激动人心的海报

……做手工，做成青蛙、小鸟、飞机或天鹅

……把纸弄皱，形成一幅画

……折起来然后撕成碎片，制造雪花效果

……折起来，然后撕去一部分，制成一组人像

……做成手翻书

……把纸折成一个手风琴

……撕成小碎片，用其制成一件艺术品

……做成一件衣服或首饰（如帽子、戒指或者徽章）

……拓印一个物体

……制成你自己的魔幻王国中的纸币

……做成书签

……挖两个洞把它当面具戴

4. "新的自我"的神奇转化

大部分心理学书籍，都会在某一个部分介绍津巴多监狱实验。因为这个实验可以很好地帮助我们了解"表现"原理和身份认同之间的奇妙关系。

菲利浦·津巴多于大萧条时期生于纽约南布朗克斯贫民窟。他对"居住环境对人类行为的影响"很感兴趣，因此在 20 世纪 60 年代一直致力于心理学的学习和研究，并最终成为斯坦福大学的教员。在那里，他完成了那个如今声名狼藉的实验。

实验开始前，他将斯坦福心理系的地下室改造成一个模拟监狱。他将门换成铁栅栏，将一些小房间改造成牢房。其他的区域则被改造成狱警的住处以及犯人的"院子"。这一模拟监狱中装有一些双面镜以及隐蔽的相机，以方便实验人员随时随地观察、记录实验参与者的行为。

津巴多在当地报纸上打出广告，招募男士参加一项为期两周的关于监狱生活的实验。每一个报名者报名之前都要填写详细的问卷，以反映他们的生活背景、心理健康程度及之前的犯罪史。津巴多仔细筛选了所有的回复，在其中选择了 24 名心理状况稳定、无犯罪史的男士，请他们参加这项实验。他随机将他们分为两组：一组扮演"罪犯"，另一组扮演"狱警"。津巴多自己则扮演监狱长（后来他认为这是一个"严重错误的决定"）。

就在实验开始前，当地警方和斯坦福反战人士发生了暴力冲突，因此津巴多发现当地警察局长急于改善与该大学的关系。因此，他向警察局长提出要求，问是否可以派一些真的警察帮助他完成实验的第一阶段。警察局长同意了。实验的第一天，9名"罪犯"在自己的家中被帕洛阿尔托市警察局逮捕。他们被指控犯有盗窃罪或持凶抢劫罪，然后被铐上手铐运到了当地警局。然后，警察对他们进行了搜身、印下了他们的手印，蒙住他们的眼，将他们送去津巴多的模拟监狱。

同时，"狱警"们则穿上卡其制服，配备上口哨、镜面太阳镜以及警棍。他们要三人一班、每班八小时看守监狱。

罪犯们的日子可不好过。他们一到监狱，狱警就发给了他们每人一个号码，对他们进行了脱衣搜身，并取走他们的衣物，让他们穿上很不合身的罩衫。罪犯不能穿内衣，并且脚腕上拴着链条。他们每天二十四小时都生活在监狱中，只有三顿清淡的食物，并且每二十四小时只能上三次厕所。

狱警们很快就进入了他们的角色。他们经常表现得很专制，只叫罪犯的号码不叫他们的姓名，并且对他们进行口头威胁或谩骂。如果犯人不听话，狱警就让他们反复背诵自己的号码，不让他们上厕所，并把他们牢房中的寝具拿走。实验的第二天，一些罪犯决定发动一场起义，他们堵住自己的门并将号码牌撕碎。对此，狱警用灭火器对罪犯发动了攻击（具有讽刺意味的是，大学伦理委员会之前坚持在监狱中配备灭火器，以保证罪犯安全），并且扒光他们的衣服、给他们单独关禁闭、罚他们做俯卧撑。

　　实验时，克里斯蒂娜·马斯拉齐是斯坦福大学的心理学研究生，并且正与津巴多谈恋爱。她很好奇自己男友的实验进展如何，因此参观了监狱，并与一个下班的狱警聊了几句。这个男子看上去非常友好和蔼。过了一会儿，实验工作人员问她想不想看看工作中的狱警。他们跟她说，有一个狱警被他们称为"约翰·韦恩"，因为他对待罪犯时格外凶狠。后来，马斯拉齐惊奇地发现"约翰·韦恩"竟然就是她刚刚见过的那个友好的男士。当他不在监狱这个环境中时，他是一个友好平静的人，但是一旦他进到模拟监狱中，他看上去完全像变了一个人一样，冲着罪犯大喊大叫并粗暴地对待他们。

　　参观完监狱后，马斯拉齐与津巴多进行了激烈的争论。她认为，情况现在已经超出了控制，应该马上停止实验。津巴多平日是一个温和、敏感的人，但是这次他显得非常陌生，执意继续该实验。马斯拉齐深感震惊，并且意识到津巴多已经接受了他身为监狱长的身份，他不再能够置身实验之外，相反成了实验中的一部分。随着争论的继续，津巴多本人也意识到发生了什么，于是决定终止实验。尽管实验原计划开展两周，但是最后在第六天的时候就突然叫停了。

　　津巴多实验的关键部分在于探索研究：是否表现得像个罪犯或者狱警一样会影响实验参与者的身份认同。实验结果很快就明显显现出来。实验结束后，一个狱警说道：

　　我本来以为我做不出这样的行为。当我发现我能做出与之前想象的完全不同的行为时，我感到惊恐失望。当我实际做出那种行为时，竟一点都没有感到遗憾或者有罪恶感。只有到后来我反思自己的行为时，才慢慢发现那竟然是我之前没有注意到的自我的一部分。

同样，那些扮演罪犯的实验参与者的身份认同也有所改变。其中一些人变得特别消极并且格外顺从。这一快速的变化对罪犯来说往往有非常不好的影响。道格·柯皮（"罪犯8612"）情绪反应最为激烈，实验两天后就被释放了（他对自己在实验中的表现很感兴趣，于是后来学习了审判心理学并供职于一间加利福尼亚监狱）。几天后，其他4名罪犯也显示出焦虑、抑郁、愤怒等情绪，被提前释放。津巴多的实验显示了"表现"的巨大魔力。人们的身份认同感源于他们的姓名、服饰、样貌。在监狱实验中，所有这些都改变了，因此他们失去了原有的身份意识，开始对自己分到的身份产生认同。

通过穿成罪犯或狱警的样子、表现成罪犯或狱警，实验参与者开始进入角色，从自己扮演的角色的角度进行思考。一组人很快变得咄咄逼人、专横跋扈，而另一组人则变得消极驯服。

津巴多的实验是在一个模拟监狱中进行的，他利用"表现"原理制造了实验参与者的攻击性和焦虑感。其他实验显示，同样的原理可以在日常生活中应用于多种不同身份的人。比方说，在一个实验中，研究人员多年来追踪了一组妇女的生活，发现在工作场所承担更多责任的女性的性格更加果断。在另一个实验中，我们发现工作难度大的员工更加灵活自信。人性格中很大一部分是不固定的。相反，他们会接受分配给他们的角色，据此做出不同的表现，然后发展出与自己的角色相符的身份认同感。

最有趣的是，其他心理学家进行了探索，希望利用这种原理使人的生活变得更好。

遇见另一个自己

乔治·凯利于 1905 年生于堪萨斯州的一个农场。高中毕业后，他取得了物理学学位，来到明尼苏达州教授公共演讲，然后，他停止公共演讲教学事业，进入艾奥瓦州立大学学习，最终获得心理学博士学位。他深知大萧条时代农业家庭面临的种种困难，于是决定做一个流动心理学家。

一开始他使用弗洛伊德的心理方法，让农民们躺在沙发上，描述自己的梦境，然而，他很快发现对于老实巴交的农民来说，弗洛伊德的理论太深奥了，因此他发明了一种更为实际的方法解决他们的问题。

凯利的早期发明之一是"镜子时间"。他鼓励人们花 30 分钟的时间坐在镜子前，看着他们在镜中的影像，想想他们自己看到了什么。他们喜欢镜中的人吗？镜中人与他们理想中的自己有什么不同？他们在自己的脸上看到了什么别人没有注意到的东西？

虽然人们往往挺喜欢盯着自己的眼睛看，但是凯利并不确信这种对镜沉思的行为会对人有益处。因此他决定根据他之前做公共演讲教学的经历，鼓励人们探索其他看待世界的方法。之前大量的治疗经验告诉他，人的性格不是固定的。正如演员在职业生涯中会扮演许多不同的角色，人们在一生中也会变换不同的身份。不仅如此，凯利还相信人们看待自己的方式才是他们心理问题产生的源头，因此他认为有效的心理治疗应当帮助病人建立正确的身份认同。他将自己的方法命名为"固定角色治疗"，并且随着时间的推移，他发明了一系列使人建立新的身份认同的有效方法。

固定角色治疗的第一个阶段包括了多种练习，旨在帮助你了解现在你对自己的认识。其中一个最有名的练习中，你需要和其他认识的人进行比较，以确定你用来将人归类的核心心理特点。另外一个练习则需要从别人的角度写一段小小的自我介绍。

根据以上练习得出的结果，接下来你要建立一个新的自我认同。这可能需要你对自己的性格进行全面检查，或者需要你调整自己的一些性格。然后，花点时间想想，在你日常生活面对的种种情况下，这个"新的自己"会如何表现。然后，进行角色扮演，以牢固掌握自己新的行为方式。

固定角色治疗的第二个阶段中，你用两周的时间"扮演"新的自己这个角色。凯利的研究告诉我们一个奇怪的结果：以完全不同的方式表现了几周后，许多人开始忘记他们是在表演，并开始形成一种新的身份认同。许多凯利的病人说，这个新的自己仿佛一直是他们真实自我的一部分，只不过他们现在才意识到它的存在。

正如"表现"原理预料的一样，通过表现为他们想要成为的人，人们建立了新的身份认同，同样的原理也可用来帮助人们了解别人眼中的世界，因此使人们团结起来。比方说，在一个研究中，一组学生要表现得好像他们最近遭遇了一起车祸，下肢瘫痪，只能待在轮椅上。这些学生需要在 25 分钟的时间内乘轮椅走完一个事先规定的路线，其中会经过多个电梯、斜坡和门。另一组学生则跟在轮椅后面，看着所发生的一切。之后，实验人员问所有这些学生他们对残障人士问题（比如说投入公共基金建设新的康复中心等）的态度。两组学生的回答显现出了巨大的区别。坐过轮椅的学生明显更加理解残障人士。这一原理通常被用在一种叫作"心理剧"的心理治疗方法上。通过让病人接受不同的人格，甚至有时候对自己的朋友或同事进行角色扮演，病人们可以从许多不同的角度看待他们的生活。正如猫王埃尔维斯·普莱斯里曾经说过的："在你辱骂、批评、指控之前……先设身处地从我的立场想想。"

凯利的研究为世界各地千百万人提供了新的方法，增进了他们的身份认同。新的方法将这一理念推向了之前未曾预料到的高度。

你认为你是谁

第一部分：

想知道你是怎么看待自己以及其他人的吗？以下两个练习基于乔治·凯利的疗法设计而成，能帮你深入地了解你如何看待自己的性格。

练习一：你的构成

这是一个含有四个部分的练习，一般来说需要 20 分钟时间。它旨在帮你了解你用来看待自己和别人时用到的主要性格特点。

第一阶段：想出五个你很熟悉的人——也许是你的母亲、父亲、密友、老板、伴侣、同事或旧情人。在下面横线处写下他们的名字。

第一个人：_____

第二个人：_____

第三个人：_____

第四个人：_____

第五个人：＿＿＿＿＿＿＿＿＿＿＿＿＿＿＿＿＿＿＿＿＿＿

第二阶段：请看以下表格。"第一个人"和"第二个人"一栏下面有许多"X"，想想第一个人和第二个人的性格与你不同的地方。比方说，也许他们都很外向，但是你很害羞。或者说也许他们都很吝啬，但你很大方？在"他们的共同点"这一栏中写下第一个人和第二个人的共同点，然后将与其相反的性格（也就是你自己的性格）写在"我"这一栏里。

第一个人	第二个人	第三个人	第四个人	第五个人	他们的共同点	我
X	X					
	X	X				
		X	X			
			X	X		
X		X				
	X		X			
		X		X		
X			X			
	X			X		

第三阶段：接下来，来到下一列，重复同样的过程。这一次，想想看第二个人和第三个人有什么共同点，他们与你有什么不同点。以此类推，完成这个表格，试着每次都想出点不同的性格特征。

第四阶段：看看"我"这一栏中列出的内容，试着找出一点共性。是不是"焦虑"或者"放松"经常出现？还是"外向"或者"羞涩"经常出现？这是你的核心心理构成，你就是通过它们来看待你自己和其他人的。

以下是一个样表：

第一个人：约翰

第二个人：凯蒂

第三个人：珍妮

第四个人：大卫

第五个人：艾瑞卡

第一个人	第二个人	第三个人	第四个人	第五个人	他们的共同点	我
X	X				细心	宏观
	X	X			艺术	实际
		X	X		焦虑	放松
			X	X	悲观	乐观
X		X			混乱	井井有条
	X		X		勤恳	不牢靠
		X		X	随和	冷静
X			X		羞涩	外向
	X			X	神经质	放松

练习二：自我描述

花 20 分钟的时间，写一个简单的自我描述。请使用第三人称，你可以从好友或者同事的角度来写。

第二部分：

这一部分旨在帮助你创造、接受一个新的身份。

第一阶段：请看看你自己在第一部分练习中对自己性格构成的描述。你认为这些性格不好或者有问题吗？再看看你在第二部分练习中对自我的描述。其中有没有显露出你想要改变的性格方面？例如，也许你认为自己不够自信、不擅长交朋友、太咄咄逼人或者有点自私。

第二阶段：根据以上信息，打造全新的自己。如果你自己不知道该如何改变，你可以想想你的朋友、同事、偶像或者书中、电影中、戏剧中的角色们，他们是怎么做的呢？或者，你可以参考下表列出的对于性格优势的描述，选出一个或几个特别吸引人的。

性格优势	简述
创造力	善于想出新的方法解决问题
好奇	喜欢探索和发现
思想开放	乐意从不同的角度思考一个问题
勇敢	遇到威胁或挑战不退缩
坚持不懈	遇到困难时仍坚持下去
活力	对待生活充满热情和动力
爱	能与别人发展密切的关系

性格优势	简述
善良	喜欢帮助别人
公民意识	参与团队行动，并且支持身边的人
领导力	负责任，推动事情发展
宽容	能原谅犯错之人
谦虚	不骄傲于自己的成就
审慎	有自制力，不冲动
感恩	对生活中美好的事情充满感激
希望	期待美好事物的发生，愿意为此努力
幽默	看到生活中有趣的一面，让他人感觉轻松愉快

其次，描述"新的自己"，阐述一下你会在生活的方方面面如何做出不同的表现。比如说，假设你有点咄咄逼人，总是与朋友或同事争吵，那么"新的你"就应该更加轻松有趣、善于交流。如果是这样的话，你应该怎么做呢？你会到处开开玩笑？你会听取别人的想法和意见，乐于接受而不是对此进行争论？你会格外注意赞赏、鼓励别人？

或者，想象一下，一些人说你有点小气，你希望对此做出改变。新的你会做慈善募捐、慷慨地送给别人礼物、不遗余力地帮助身边的人？

也许你想变得更自信一些，你身边有没有特别果断自信的朋友或者同事？他们可以给你一些启示。他们面临着你所处的困难时，会如何应对？你能不能模仿他们，在这些情况下做出不同的表现？

第三阶段：花差不多两周的时间扮演你的新身份。你不用总是想着改变自己的思维方式，集中精力改变你的行为即可。为此，你也可以请好朋友或者家庭成员与"新的你"一起模拟一些生活场景。此外，你不必将其看作永久的变化，就当作给你原有的性格放假两周好了。然而，重要的是你要一天二十四小时扮演自己的新角色，自己一个人独处的时候也不例外。"表现"原理会让你感觉自己像变了个人一样，并且很快这个"新的自己"就会变成你的一部分。

选择决定命运

杰里米·贝伦森是斯坦福大学虚拟人际互动实验室的主管。他的大部分工作都是利用计算机来表现人类（被称为"阿凡达"计划），然后让他们在虚拟世界中行动。贝伦森了解到"表现"原理，想知道是否这一原理也可以应用于他创造的虚拟世界中。比方说，电脑世界中个子更高的"阿凡达"是不是在现实生活中会更加果断自信？或者说，那些在电脑世界中穿黑色衣服的人会不会更加具有攻击性？

可能性是无限的，但是贝伦森首先要证明是否这一原理可以应用于虚拟世界。为了找到问题的答案，他利用了一个红遍全球的电脑游戏——《魔兽世界》。

《魔兽世界》是一个广受欢迎的大型网络游戏，全世界数以百万的人在这个虚拟的世界中拼杀。在游戏中，玩家要选择加入"部落"或"联盟"两个阵营，修炼60级。游戏开始前，玩家得创造一个自己的"阿凡达"，这一虚拟身份有六种不同的"种族"可供选择（包括地精、暗夜精灵、兽人、巨魔和人类），每个不同的种族身高都不相同（比方说，地精比较矮小，而巨魔非常高大）。

杰里米·贝伦森及其同事尼克·伊知道，在现实生活中，高个子的人比矮个子的人更加果断自信，因此很好奇是不是在《魔兽世界》中也存在同样的现象。为了找到问题的答案，他们仔细研究了七万六千多个玩家的数据，研究了游戏中角色的身高和他们在游戏中表现的关系。事实证明，虚拟世界模拟了现实世界，那些游戏中"阿凡达"身材更高的玩家（巨魔和兽人）比游戏中角色身材矮小（侏儒和地精）的玩家玩得好。这一结果给了我们两个重要的信息："表现"原理适用于虚拟世界；更实际一点来说，如果你想在《魔兽世界》中领先，要做巨魔不要做地精。

尽管研究结果令贝伦森和伊非常兴奋，但他们意识到研究中存在两个问题。批评人士会说，能力强、更果断自信的玩家在游戏开始时就会选择高的"阿凡达"。此外，尽管"阿凡达"的身高影响了玩家在网络世界中的表现，但不一定也会在现实生活中影响他们。于是，他们在第二个实验中着重解决这两个问题。

在这个实验中，一组学生戴上了虚拟现实眼镜，这些眼镜能让他们在电脑屏幕上看到自己的形象。为了使游戏感觉起来更加真实，研究团队还在学生们的脸、胳膊、腿上粘上高科技感应器，如此一来，虚拟人物能够模仿他们的动作。如果学生往左看，游戏中的"阿凡达"也会往左看。如果学生跑动，"阿凡达"也会开始跑起来。这种实验参与者实际身体活动与游戏中虚拟形象活动的密切匹配，使学生们很快就相信他们就是荧幕上的那个人物。

实验一开始，研究人员将学生们随机分为高阿凡达和矮阿凡达。然后，在学生们玩了一阵游戏后，实验人员让他们摘下头盔，回到现实世界，与其他的实验参与者一起玩一个叫作"最后通牒"的游戏。

在这个游戏中，玩家只有一次机会提出一个方案，与另一个玩家分一百美元。如果对方同意了这个方案，那么钱就此分掉。但是，如果对方不同意这个方案，那么两个玩家就都分不到一点钱。世界各地的心理学系多年来一直使用这个游戏进行研究，其中玩家开出的分钱方案可以很好地体现他们的果断自信度以及攻击性。

正如"表现"原理预期的一样。比起"阿凡达"形象矮小的玩家，"阿凡达"形象高大的玩家给出的分钱方案更加果断。并且，这种区别还不小。平均说来，虚拟形象高大的玩家给出的都是六四分成，而虚拟形象矮小的玩家则给出五五分成。不仅如此，"阿凡达"形象高大的玩家在接受或者拒绝分钱提议时也更加果断。虚拟形象高大的玩家中，差不多60%的人拒绝了对方玩家的过分提议；相比较看来，虚拟形象矮小的玩家中，只有30%的人拒绝了。

贝伦森和伊的研究为其他相关研究开拓了道路。在一个研究中，一些志愿者看到自己的虚拟形象在跑步机上跑步，而另一些人则看到虚拟的自己正在休息。过了一段时间，研究人员对实验参与者进行了追踪调查，发现在虚拟世界中跑步的人在现实生活中也更可能参加运动。在另一个实验中，游戏中"阿凡达"年纪大的玩家倾向于每月存更多钱作为养老基金。

一次又一次，研究证明"表现"原理确实能够适用于虚拟世界，并且虚拟世界中"阿凡达"的长相和行为都会以某种方式影响现实生活中人们的思想和行为。贝伦森将这种现象称为"普洛透斯"现象，其中普洛透斯是希腊神话中能够随意改变自己形象和身份的神。这一现象为"表现"原理开启了一个新的世界。在这一世界中，想象力有多大，天地就有多辽阔。

5. 重新掌控生活的秘密

心理学家艾伦·兰格生于纽约布朗克斯区，大学时在纽约大学学习化学。意识到实验烧杯间的生活并不适合自己，之后她参与了一个由津巴多主讲的心理学入门课程，并深深为此着迷。最后，她成了哈佛大学的心理学教授，其中她的大部分研究都试图揭开变老之谜。

在职业生涯中，她从事了许多高调的研究。在其中一个经典实验中，她给疗养院中的一部分老人每人一盆盆栽植物，让他们照料这些植物；另一些老人也有相同的植物，但是他们的植物是由疗养院员工负责照料的。六个月后，那些连生命中最后一点控制权都被剥夺的老人比起其他人来说明显更加不快乐、不健康、不活跃。更令人难过的是，没有照料植物的老人中，30% 的人去世了；负责照料植物的老人中，只有 15% 的人去世了。

在一个类似的实验中，兰格鼓励老人们表现得仿佛他们仍然思维活跃，以研究其效果。在这个实验中，研究人员每周走访一些老人，问他们一些问题，如护士的名字、某天将要举办的活动的性质等。如果老人们对答案并不确定，实验人员就鼓励他们在下一周找到问题的答案。效果是显著的。与另一组没有面对这些问题的、作为实验对照标准的老人相比，这些回答问题的老人短时记忆能力更强，并且表现得更加灵敏。

研究人员两年半后对老人进行了回访，发现这些老人中只有 7% 的人死亡了；而对照小组中 30% 的老人死亡了。

然而，兰格最著名的研究是利用"表现"原理带领老人回到过去。1979 年，她招募了一批七八十岁的老年男性，带他们到一个波士顿外的隐居之所参加为期一周的怀旧活动。实验开始前，兰格让所有参与这一实验的人测量身体强健度、视力、记忆力等。

然后，她将这些老人随机分为两组，对其中一组（"时光穿越者"）说，这个实验研究的是活在过去对人心理产生的影响；对另一组说，这个实验研究的是怀旧的影响。兰格决定试着将时光倒回二十年，因此鼓励实验参与者或者重新生活在 1959 年，或者回忆他们 1959 年的生活。

此后，她安排大巴将准备回到过去生活的老人们送往一个十英亩大小的乡间疗养地。为了帮助老人们调整好情绪，兰格在旅途中就一直在播放 1959 年的广播。并且在整个实验中她都鼓励老人们表现得仿佛自己年轻了 20 岁一样。比方说，当他们到达住地后，下车时没有人会扶他们，也没有人会帮他们搬行李。此外，他们的乡间驻地也没有安装栏杆或者其他帮助他们移动的设施。

此前，实验参与者们提供了他们 1959 年时的照片。一进卧室，他们就能看到屋子里摆放着那些照片，并且屋子里还有 1959 年的《生活》杂志以及《星期六晚邮报》。

行李收拾完后，所有人来到大厅。大厅中陈设着那个时代的物品，包括黑白电视机、复古收音机等。在那里，兰格告诉所有人，接下来的几天，所有关于过去的对话都需要使用现在时态，并且对话中不能提及

1959 年之后发生的事情。

每一天，实验参与者都会参加精心设计的活动以及相关讨论。比如说，在其中一项活动中，他们要以现在时态撰写自己 1959 年之前的自传。在另一些活动中，他们来到临时电影院，观看了由詹姆斯·斯图尔特主演的电影《桃色血案》；参与讨论美国首个人造卫星的发射；使用旧货币玩"价格竞猜"游戏；听艾森豪威尔总统的演讲；坐在桌边听收音机播报 1959 年赛马冠军。

对作为实验对照标准的那组老人来说，生活可大不一样。他们在车上听的是现在的音乐，用过去时这一时态回忆 1959 年，屋中的照片是自己现在的模样，观看的也是时下的电影。

几天后，兰格就明显看到了"表现"原理的作用。"穿越时光"的老人们现在走路更快，人也更有自信。不仅如此，几周后，几个实验参与者还决定以后走路不再拄拐杖。兰格在实验中对老人进行了多种身体以及心理测试，发现"穿越时光"的老人们的灵活度、行动速度、记忆力、血压、视力、听力都有所进步。有趣的是，时光穿越的小组中，60%的老人在智力测试中表现更好；另一组中，表现有所提高的老人只有40%。表现得仿佛自己是年轻人一样，令老人们在心理上和生理上都年轻了很多年。

为研究重复兰格实验的可能性，BBC（英国广播公司）最近重新做了一个同样的实验。6 个上了年纪的英国名人同意参与到这个实验中来，将时钟调回到 20 世纪 70 年代他们的全盛时期。BBC 找到了当时这些名人卧室的照片，细致地重建了这些房间，连墙纸和地毯都没落下。在实验的一个星期中，每个名人都有机会重新回到他们人生中最重要的那个时刻。比如说舞蹈家莱昂内尔·布莱尔重返帕拉蒂姆舞台，设计了一组舞蹈动作。

一两天后，许多名人的记忆力、体力、精力、情绪都有所增强。88岁的女演员利兹·史密斯曾中风三次，但很快她就能够不用拐杖自己行走了。实验开始前，板球裁判迪基·伯德变得落寞、抑郁，但是几天后他就重新成了派对上的风云人物。对实验参与者进行的生理年龄测试显示，其中两个老人的大脑比他们的实际年龄年轻20岁，并且所有老人的智力和记忆力在实验后都有所提高。

还有许多其他实验证明，通过让老人表现得更加年轻，可以减慢变老的过程。

在另一项实验中，兰格让人们扮演空军飞行员，然后检查其对视力的影响。19个空军军官学员先接受了视力检测，然后被随机分为两组。教官请其中一组中的每个学员都来到飞机模拟器上，试着开飞机。而另一组中的学员也坐上驾驶员的座位，但是被告知飞行模拟器是坏的。所有这些实验参与者都要透过驾驶舱窗口读出飞机侧面的字。那些仿佛真的在驾驶飞机的学员视力提高了40%，而另一组学员的视力则没有什么变化。

还有实验研究了是否待在孩子旁边真的能使人保持年轻。在其中一项研究中，兰格比较分析了晚年得子以及早年生子的女性的预期寿命。你也许以为，40多岁时围着小孩子转可不是什么好事。但是，你也许是错的。事实上，晚年生子的妇女的预期寿命比其他女性长得多。运用同样的方法，兰格研究了婚姻登记记录，找到年龄相差四年以上的夫妻。她推测，年轻的一方可能会表现得比实际年龄老，而年老的一方可能会表现得比实际年龄年轻。这对他们的寿命预期有巨大的影响，其中年轻的一方寿命比年老的一方短得多。

之前在这本书中，我们也提到过舞蹈的力量。纽约市阿尔伯特·爱因斯坦医学院的研究人员在1980年和2001年间中对五百名实验参与者进行了追踪调查。实验之初，每个人都要说明自己参与了多少能刺激大脑的活动（阅读、自由写作、填字游戏、棋类游戏、讨论、弹乐器等）以及刺激身体的活动（网球、高尔夫、游泳、自行车、舞蹈、散步、爬山、做家务等）。当所有五百名实验参与者都超过75岁之后，实验人员跟踪调查了他们患老年痴呆症的程度。阅读的人患痴呆症的可能性下降了35%，每周至少四天做填词游戏的人则下降了47%。有趣的是，几乎所有的身体运动（如骑自行车或游泳）都没有起到作用，除了跳舞。经常跳舞的人患痴呆症的风险下降了76%。整晚跳舞使人觉得自己很年轻，久而久之，这帮助人们减少了变老所带来的影响。

正如戏剧家萧伯纳曾经说过的一样："我们不因年老而停止玩乐；但我们会因停止玩乐而变老。"

如何永葆活力

根据艾伦·兰格的研究，以下是五个能够帮你减缓衰老的小贴士：

掌握对生活的控制：不要总认为老了之后就一定会非常无助、必须依赖别人。相反，你要尽可能地控制生活中的方方面面。兰格的研究表明，即使是一点点的控制感都会带来很大的不同。自己买东西、照料植物、打理院子、养宠物、理财管账，并且依自己的心意外出走动。

保持思维活跃：关于所谓的"大脑训练"是否能够影响你的思维健康，一直以来都有许多争论。然而，表现得仿佛你对周围的世界很感兴趣是有好处的。掌握世界新闻动态，看看自己的周围发生了什么。写博客，设立个人目标，保持好奇心，保持兴趣和爱好，与朋友以及家人保持联系。

保持年轻心态：兰格的研究表明，与孩子或者年轻人待在一起的人更年轻。在你的生命中为孙子孙女、年轻友人和邻居留点空间吧。

积极主动：试着像年轻人一样行动。尽量保持身体的活跃，坚持锻炼，脚步轻快起来。记住，到目前为止，跳舞是最有助于保持年轻心态的活动。

做出努力：你的外貌影响了你的感受。在一个试验中，兰格在一些女士染发前和染发后分别测试了她们的血压。那些认为自己看上去更年轻的女士血压下降幅度很大。试着穿年轻点的衣服，让自己看上去年轻起来吧！

结束语

抛弃旧的行为习惯，重新开始吧！

窥探大脑的奥秘，突破旧有的条条框框，教你
如何快速用身体改变思想……

我们可以看出，手术后这些病人有了两个分开
来的大脑，也就是说他们有两个相互分离的意
识领域。

——神经学家罗杰·斯佩里

在本书的前面章节中，我们已经探索了身体与大脑的奥秘。几千年来，人们都认为，大脑和身体的关系就像骑手和马的关系一样：就像骑手控制马的表现，我们的大脑也支使着我们的身体做出行动，正因为如此，想要改变生活的人们往往投入大量的时间和金钱，试图改变自己的思考方式。他们受到那些自封的"大师"或者"生活导师"的鼓励，试着想象一个完美的自己、像百万富翁一样思考、保持积极乐观的心态。但不幸的是，这些改变的方法操作起来非常困难、耗时耗力而且往往起不到应有的效果。

一个世纪前，哈佛大学的哲学家威廉·詹姆斯完全颠覆了我们对人类心理的传统观点。他认为，人的行为影响人的思想和感觉，声称改变人的行为就能够轻松改变他们的想法和情绪。他提出这一"奇怪"的观点80年后，一些勇于创新的研究人员才第一次对这一理论进行实验。实验结果证明该理论有一定的道理，这激发了其他更多的科学家进行相关的研究。随着时间的推移，这些实验研究证明，"表现"原理能够对人的情绪、动力、信念和性格做出解释。

这些实验的结果非常明显——不仅仅是头脑影响身体，身体也能够影响头脑。这一简单的理念激发产生了一系列快速、简单、有效的方法，帮助人们变得更快乐、摆脱焦虑和抑郁、坠入爱河，并且永远幸福地生活在一起、打败拖延症、延缓衰老。这些所有的方法都不需要改变人的思维方式。相反，正如威廉·詹姆斯一个世纪前所说的一样："如果你想拥有一种品质，那就表现得仿佛你已经拥有了它一样。"

这一原理还帮助我们了解了大脑的秘密。自此 19 世纪初发端以来，在心理学领域中，人们就一直试图寻找一个能够解释人类心理多个不同方面（包括情绪、思想和行动）的简单概念。比方说，对于动机心理学的研究表明，有几种理论可以解释是什么力量支持人起床、行动起来。但是这些理论都不能帮助我们了解快乐的秘密。同样，其他一些实验研究了人类的悲伤情绪，但是得出的理论不能够帮助我们理解劝导的心理原理。但是，"表现"原理却没有这样的局限性。从激情到恐惧症、从自信心到创造力、从毅力到性格，同样的简单原理帮助我们很好地理解了所有这些心理现象。如此，该原理可能会是心理学界第一个"大一统"的原理。

尽管从理论角度看来，"表现"原理令人着迷；但是，事实上它有许多重要的现实意义。正如你之前在本书中读到的一样，这个看上去非常简单的原理为人类在许多不同领域的自我拓展提供了快速、简单、高效的方法。收紧肌肉，你就会立马感到意志力；挤出微笑，你就会感到快乐；站直了，你就会变得更加自信……同样的原理也激发了其他研究，为长期大规模的改变（包括帮助人们塑造性格、减肥、改变整个国家的信仰）铺平了道路。

关于"表现"原理的新实验经常在相关会议上得到讨论，相关论文也会发表在学术期刊上。詹姆斯提出这个争议性理论仅仅百年之后，该理论就受到关注并且成了主流心理学的一部分。事实上，一些研究人员相信，"表现"原理不仅仅是对人类心理的一种认识；相反，它可以应用于生活中的方方面面、每时每刻。许多看上去很奇怪的实验证明了这个观点；这些实验会涉及后催眠、活体人脑手术，以及一张鸡爪的照片。

脑中的"老板"和"观察者"并存

我还是个孩子时就对魔术非常感兴趣，并且曾经做过职业魔术师。20 多岁时，我觉得如果变成催眠师的话会很有趣，于是来到了当地的魔术用品商店，买了一本由奥蒙德·麦吉尔写的、名叫《催眠术圣经》的书。

麦吉尔是一个非常有经验的催眠师，艺名为"僵尸博士"。他的这本书教人如何一步一步地催眠别人，使之处于深度恍惚状态。僵尸博士的权威激励了我，我从头到尾仔细阅读了这本书，学会了许多不同的催眠方法，并决定尝试一下。我可不想让自己在舞台上难堪，因此觉得最好还是在克莱尔身上试验一下我新学会的技术。

那时，克莱尔和我已经合租一套房子一年了，所以她对我让她抽一张牌或者想想第一个进入她脑海的数字这种行为早已习以为常了。我问她是否愿意做第一个被我催眠的人，她欣然同意。10 分钟后，她躺在我们那张有些年头但很舒服的沙发上，而我坐在她旁边的椅子上。我背诵了僵尸博士最有效的一段催眠语，让克莱尔闭上眼睛，什么都别想。几分钟后，她就躺在沙发上，一动不动了。

一切看上去都很顺利。我让克莱尔想象数字"6"是不存在的，然后让她从 1 数到 10。过了一会儿，她开始数数，她很自信地数道"……4、5、7、8……"，我对此感到非常激动。

后来，我又做了几个其他的催眠标准练习，都很成功。然后，我决定加一项僵尸博士的后催眠暗示：我告诉克莱尔，当她醒来时，她不会记得催眠的任何情况，但是她会想要在房间里来回走动并且打开窗户。

过了一会儿，我数到 10，克莱尔突然睁开了双眼。她有点恍惚，问我催眠进行得怎么样。我告诉她一切都很顺利，并告诉了她催眠过程中我所做的消失的数字"6"以及其他练习。说完后，克莱尔站起身来，在房间来回走动，并且打开了窗户。我觉得很有趣，于是故作随意地问她为什么她要在大冷天里打开窗户。克莱尔大言不惭地说道，她觉得很热，需要点新鲜空气。

催眠的支持者会说，克莱尔的脑袋里就像住着两个人一样：其中一个控制人的行动（我们就叫他或她"老板"吧），而另一个则观察人的行动并试着对行动做出解释（"观察者"）。根据这一理论，日常生活中，实际上是"老板"操控人的行动，但是人们只知道"观察者"的存在。因此，举个例子来说，"老板"指挥人前往餐馆就餐，"观察者"观察一下正在发生什么，得出结论：他一定是饿了。或者说"老板"深情地望着丈夫或妻子，"观察者"则由此得出结论：他爱自己的丈夫或妻子。

然而，当人被催眠时，"观察者"休息了，因此我们可以直接和"老板"对话。当我催眠了克莱尔后，我对"老板"说催眠结束后打开窗户。克莱尔醒来后，"观察者"也随之醒来，一切看上去都很正常。然后，根据之前得到的指示，"老板"打开了窗户，"观察者"观察了周围发生的事情，得出结论：克莱尔一定是感到热了。

心理学家们一直就催眠的性质争论不休。一些人认为，人们能够达到一种神奇的出神阶段，在这个催眠的过程中我们能够直接和此人的另一个心理层面对话。相反，一些人则认为催眠只是角色扮演的另一个形式而已。这是一场历时很长并且非常复杂的辩论，我对克莱尔的催眠实验也不能算作是证明"老板"和"观察者"存在的有力证据。不过，幸运的是，还有许多其他的实验证明人脑中存在着两个人。

在一些脑部手术中，病人可以保持清醒、有意识的状态，因此能够向医生实时汇报他们的想法和感觉。20世纪60年代末，脑科医生若泽·德尔加多认为，在手术中刺激病人脑部的不同区域以观察病人的反应会很有趣。在一些手术中，德尔加多以小量电脉冲刺激病人脑中控制人转头的区域。不出所料，每个病人都慢慢地将头先转到右边、然后转到左边。然而，当德尔加多问他们为什么要这么做时，大部分人都很快为自己的行为找了个理由，比方说找拖鞋、听到了某种声音或者感到坐立不安。

又一次，病人们观察自己的行为，找到一个合理的理由解释自己的行为。

到目前为止，对此问题最深入的研究是在 20 世纪 70 年代初由美国神经心理学家罗杰·斯佩里完成的。

斯佩里及其同事起初是想找到治疗癫痫症的新方法。他们知道，人脑分为两个半球，其间由一种叫作"胼胝体"的神经纤维连接。之前的研究已经表明，一些癫痫症之所以发作，是因为大脑某个半球中电活动过剩并迅速传往另一个半球。斯佩里想知道，如果将连接大脑两个半球的组织切断，是不是就能阻止这场人脑中的电"风暴"。为了找到问题的答案，他给一些癫痫病人做了手术，整个切除了他们的胼胝体。这一疗法相当成功，大部分病人此后过上了正常的生活。但是，对于这些"脑分裂"的病人，斯佩里进行了进一步的研究，而这个研究给了我们重大启示，帮助我们进一步了解自己。

大脑每一个半球都能控制对边身体的肌肉。比方说，大脑的右半球控制左侧身体的肌肉，左半球控制右侧身体的肌肉。同样的原理也适用于眼睛所见景象，其中左边的景色进入大脑的右半球，而右边的景色进入大脑的左半球。一般说来，胼胝体能够确保信息迅速在大脑两个半球之间传递，所以两个大脑半球都会获得相关的信息。但是，斯佩里意识到，脑分裂者无法实现这种信息的共享，因此想要针对他们进行实验，探索人脑两个半球的不同作用。

他的实验团队在露营拖车上搭建了一个实验室，将拖车挂在一个货车后，带上实验参与者们周游全国。

在一个研究中，每个实验参与者都要集中精力看着屏幕中的一个点。然后斯佩里在这个点的左边或右边放映一些图像。他故意将放映的速度调快，以确保病人们没有时间移动眼睛，这也就保证了这些影像只进入了他们左右脑中的一边。

左脑控制语言能力和自我意识。因此，当斯佩里将图像放在屏幕右侧的时候，病人能够轻松地说出图像上物体的名字。但是，当同样的图像放在屏幕左侧时，它们进入了人的右脑，因此病人们感觉自己并没有看到任何东西。然而，图像上的物体还是影响了病人的行为。比方说，"微笑"一词在屏幕左侧出现时，病人们会微笑；裸体女士的图像出现时，男性病人会咧开嘴会意一笑。

病人们不知道自己为何做出这样的行为，所以当实验人员让他们解释他们为什么笑时，他们会说这个实验很有意思，或者说他们认为实验工作人员非常有魅力。又一次，实验证明，"观察者"观察人的行动，并对此做出解释。

在另一个实验中，实验人员向病人们展示了两张图片，并确保其中每张图片都只通向一边的大脑。然后，实验参与者会看到其他一组图片，其中他要选择最接近原始图片的两张。比方说，病人看到的是鸡爪图片（进入左脑）和雪景图片（进入右脑）。接着病人又看到一组照片，其中他做出了正确的选择，左手拿起铲的图片、右手拿起鸡的图片。当实验人员让病人解释他的行为时，她说鸡爪很明显是和鸡有关，并且你需要一把铲子来清理鸡窝。又一次，"观察者"观察了人的行为，虽然它并不知道人为什么会做出这样的行为，但是他想出了一个理由来解释这种行为。

斯佩里的研究告诉我们，大脑中的一部分掌管我们是否要吃饭、睡觉、哭泣、大笑，而另一部分则观察我们的行为，然后想出理由解释这一行为。因此，我们知道，"表现"原理的存在可不是人脑的巧合；相反，它是人的一生中各种思想和感觉的基础。

一个世纪前，威廉·詹姆斯提出，行为导致情绪的产生。这个简单的理念改变了一切。一百多年来，多项实验表明，詹姆斯的理论可以应用于相当多的心理层面：从劝导力到拖延症，从害怕到恐惧症，从爱情到性格。不仅如此，它赋予我们了解人脑本质的深邃洞察力，并且能够帮助我们改变生活，甚至改变世界。是时候抛弃过时的心理学理论，接受威廉·詹姆斯这一革命性的理论了！利用"表现"原理的力量去帮助人们改善生活甚至改变世界吧！抛弃旧的行为习惯，重新开始吧！

用身体改变头脑的十个快速方法

前面章节中，我们已经做过了一些能够改变你的思想和行为的快速、有效的练习。在这里，我们一起回顾一下其中最有效的十个方法。

行动力：推拉效果

把一个物品推远（表现得你不喜欢它）使你不喜欢这个东西，而将其拉向你（表现得好像你喜欢它一样）使你对其产生感情。下一次，当你碰到甜品或巧克力饼干时，仅仅将盘子推远就行了，这会使你感觉到自己的欲望逐渐消失。

节食：使用非惯用手吃饭

当你使用非惯用手吃饭时，你表现得仿佛自己正在做一个不同寻常的行为。因此，你会更加关注自己吃饭的动作，而不是什么都不想只是简单地吃饭。如此，你就会吃得更少。

意志力：绷紧身体

绷紧肌肉会增强你的意志力。下一次当你需要戒烟或者拒绝一个奶油蛋糕时，握紧拳头、收缩肱二头肌，将拇指和食指并起来，或者在手中紧握一支笔。

毅力：坐直了，交叉双臂

在一些实验中，实验人员让志愿者解难题并记录他们坚持的时间。坐直了、双手交叠的人坚持时间比其他人长一倍。确保你的电脑显示器略高于你的视线；当你遇到难题时，交叉双臂。

自信心：有力的动作

为了增强你的自尊心和自信心，你应该做出强有力的动作。如果你是坐着的，就往后倚、目视高处并将双手交叠放在脑后。如果你是站着的，双脚在地上放平、挺胸抬头，双臂放在前方的桌子上。

拖延症：找一个起点

如果你想克服拖延症，表现得好像你对自己将要做的事情很感兴趣。花一点时间开始做那件你一直在逃避的事情，然后你会突然发现你很想完成这个任务。

创造力：打破传统思维

如果你要想出新主意，那么你就要以新的方式行动起来。花点时间在屋里来回走动，确保你的路线尽量曲折蜿蜒。如果这还不能让你思如泉涌，那么就绘图、画画、做雕刻等，表现得仿佛你很有艺术气质。

劝导：让别人点头

研究人员发现，如果人们在听取讨论时上下点头（使他们表现得就像赞同这个观点一样），他们更有可能同意这个观点。如果你想鼓励别人认同你的观点，就在聊天的时候轻轻点头。对方会重复你的动作，然后发现自己莫名其妙地就被你的想法吸引住了。

谈判：热茶和柔软的沙发

当人们觉得自己和别人建立了联系时，他们会感到身体发热。同样，给别人一杯热茶使他们暖和起来，这会让他们变得更加友好。在一个研究中，研究人员让实验参与者坐在柔软的沙发上或者硬的椅子上，讨论一辆二手车的价格，那些坐在椅子上的人出价更低而且不易变通。

负罪感：洗掉你的罪孽

如果某件事令你产生罪恶感，洗洗手或者冲个澡吧。在一些实验中，做出不道德行为后用消毒剂洗手的人比起其他人来感觉罪恶感小得多。

致谢

　　首先，我要感谢赫特福德郡大学多年来对我工作的支持，感谢克莱夫·杰弗里斯和艾玛·格里尼阅读本书的初稿。感谢我的经纪人帕特里克·沃尔什，以及编辑乔恩·巴特勒和米莉森特点·班尼特，没有他们就没有这本书的面世。特别感谢我的好同事、好战友、好搭档卡洛琳·瓦特。最后，我要感谢所有将职业生命贡献给"表现"原理的研究人员，包括达利尔·贝姆、詹姆斯·莱尔德、斯坦利·沙克特、亚瑟·阿兰，当然，还有伟大的天才威廉·詹姆斯。